Die besten
Trennkost-Rezepte
meiner Leser

Ursula Summ

Die besten Trennkost-Rezepte meiner Leser

FALKEN

Inhaltsverzeichnis

Vorwort 6

Wie Trennkost funktioniert 8

    Warum Trennkost? 8

    Die Philosophie der Trennkost
    nach Dr. Hay 8

    Die Trennung der Lebensmittel .. 9

    Das Säure-Basen-Gleichgewicht 10

    Qualität ist wichtig 11

Trennungsplan 12

**Die häufigsten Fragen
    meiner Leser** 14

Hinweise zu den Rezepten 19

Rezepte 20

    Frühstück 22

    Zwischenmahlzeit 32

    Kleine Gerichte 38

    Gemüse, Salate & Saucen 48

    Hauptgerichte 58

    Desserts & Gebäck 100

Rezeptverzeichnis 110

Register 111

Vorwort

Nach über tausend zusammengestellter, schmackhafter Trennkost-Rezepte dürfte man meinen, dass nun allmählich der Ideenreichtum erschöpft sei. Doch weit gefehlt! Denn so wie man in der Musik aus sieben verschiedenen Noten und zusätzlichen Halbtönen immer wieder neue Stücke komponieren kann, so lassen sich auch in der Trennkost aus vielen guten Zutaten immer wieder exzellente Gaumenfreuden zaubern. Doch diesmal bin nicht ich gefragt. In diesem Buch verraten andere Trennkostexperten ihre Lieblingsrezepte: Leser schreiben für Leser.

Dem Einfallsreichtum der Trennkostköchinnen und -köche gebührt ein großes Lob. Obwohl alle Rezepte von Laien entwickelt wurden, sind sie absolut profihaft, und die Kreativität der einzelnen Gerichte ist bewundernswert. Für jeden Geschmack ist etwas dabei, jedes Gericht verspricht besonderen Genuss. Neben den Hauptgerichten wurden auch leckere Zwischenmahlzeiten, frische Salate, pikante Suppen und süße Desserts kreiert, und so ermöglicht Ihnen der anschließende Rezeptteil immer wieder neue Menükombinationen. Achten Sie lediglich bei der Vielfalt der Möglichkeiten immer darauf, innerhalb eines Menüs nicht zwischen Eiweiß- und Kohlenhydratgerichten zu wechseln. Entscheiden Sie sich zum Beispiel für ein Eiweißmenü, so sollte jedes Gericht aus der Sparte der Eiweiße oder aus der neutralen Kost kommen.

Hier die beiden Menüvarianten:

Menü 1: Suppe oder Salat
(neutral oder Eiweiß)

Hauptgericht
(Eiweiß)

Dessert
(neutral oder Eiweiß)

Menü 2: Suppe oder Salat
(neutral oder Kohlenhydrat)

Hauptgericht
(Kohlenhydrat)

Dessert
(neutral oder Kohlenhydrat)

Die weitere Überlegung wäre, ob Sie diese Rezepte für eine Gewichtsabnahme nutzen oder ob Sie sie einfach nur wegen ihres leckeren Geschmacks und ihrer guten Verträglichkeit nachkochen möchten.

Wenn diese Rezepte Ihrer Gewichtsabnahme dienen sollen, schlage ich Ihnen vor, auf das Dessert zu verzichten und dieses als Zwischenmahlzeit zu genießen. Vielleicht entwerfen Sie sich auch einen persönlichen Wochenplan. Falls Sie berufstätig sind, sollten Sie solche Rezepte auswählen, die mit wenig Arbeitsaufwand verbunden sind.

Wenn Sie unter Zeitnot leiden, ist es ratsam beim Kochen schon die nächste Mahlzeit mit einzuplanen. Kochen Sie Kartoffeln, Reis, Nudeln, Gemüse oder Fleisch einfach in doppelter Menge und bereiten Sie daraus leckere Suppen, Gratins oder Salate vor. Fehlen Ihnen Ideen, dann können Sie sich Anregungen aus diesem Buch oder aus der Vielzahl meiner anderen Kochbücher holen.

Falls Sie ein Neuling auf dem Gebiet der Trennkost sind, empfehle ich Ihnen, Ihre lieb gewordenen Gewohnheiten, in Form von „Küchenhelfern" wie Saucenbinder, Gewürzmischungen, Süßstoff, kalorienreduzierte Fettsorten, Ketchup, Champignons und Mais aus der Dose, Schweinefleisch und Speck zum Anbraten, zunächst beizubehalten. Dies alles können Sie nach und nach durch wertvollere und gesündere Lebensmittel ersetzen. Meine langjährigen Erfahrungen haben nämlich gezeigt, dass eine Ernährungsumstellung mehr Spaß macht und vor allem von Dauer ist, wenn alte Gewohnheiten anfänglich beibehalten werden können.

Ein Wort noch zum Pfeffer. In der klassischen Trennkost wird kein Pfeffer verwendet. Grund hierfür ist, dass diese Ernährungsform den Körper entgiften, entsäuern und reinigen soll. Laut Dr. Hay, dem Erfinder der Trennkost, schadet Pfeffer in größeren Mengen jedoch den Nieren. Nun haben aber die Rezeptautoren in diesem Buch des öfteren Pfeffer verwendet, und ich persönlich wollte diese leckeren Rezepte nicht verändern. Darum entscheiden Sie selbst beim Kochen, ob Sie Pfeffer verwenden möchten oder nicht.

Ich wünsche Ihnen ein gutes Gelingen

Herzlichst Ihre

Ursula Summ

Wie Trennkost funktioniert

Warum Trennkost?

Die Trennkost, seit Jahren eine der beliebtesten Ernährungsformen zur Gewichtsabnahme, setzt ihren erfolgreichen Siegeszug unentwegt fort. Doch damit hier keine Irrtümer entstehen, die original Haysche Trennkost ist im eigentlichen Sinne keine kalorienreduzierte Kost und auch keine Diät, sondern eine Ernährungsweise, die jeder ein ganzes Leben lang beibehalten kann, ohne dass Mangelerscheinungen auftreten.

In erster Linie war die Trennkost dazu gedacht, den Körper zu entgiften, zu reinigen und das natürliche Gleichgewicht zwischen Körper, Geist und Seele wieder herzustellen, das durch falsche Essgewohnheiten, Stress und schädliche Umwelteinflüsse verloren gegangen war.

Eine angenehme Begleiterscheinung der Trennkost ist bei Übergewichtigen die Gewichtsabnahme und bei Untergewichtigen die Gewichtszunahme. Außerdem bessern sich bei sehr vielen Menschen lästige Verdauungsbeschwerden. Dies alles wird möglich durch die Entlastung der Verdauungsorgane und durch einen besser funktionierenden Stoffwechsel.

Die Philosophie der Trennkost nach Dr. Hay

Die Lehre der Trennkost haben wir dem amerikanischen Arzt Dr. Howard Hay zu verdanken. Er machte während einer schweren Erkrankung die Erfahrung, dass durch diese Ernährungsform sein Leiden geheilt werden konnte.

Inzwischen hat die Haysche Trennkost weltweit viele Anhänger gefunden, und es ist verblüffend zu sehen, wie diese harmonische Ernährungsform den Menschen positiv verändert. Er fühlt sich schon nach kurzer Zeit viel wohler in seiner Haut.

Die enorme Wirksamkeit der Trennkost ist auf die Entlastung der Verdauungsorgane zurückzuführen, die durch eine Trennung der eiweißreichen von den kohlenhydratreichen Nahrungsmitteln erreicht wird.

Darüber hinaus wird das Säure-Basen-Gleichgewicht des Körpers durch den Verzehr überwiegend pflanzlicher Kost reguliert.

In der Trennkost wird besonderen Wert auf naturbelassene Nahrungsmittel gelegt.

Die Trennung der Lebensmittel

Obwohl die Trennkost inzwischen zu einem bekannten Begriff geworden ist, wissen trotzdem noch sehr viele Menschen nicht, wie sie funktioniert. Dabei ist alles ganz einfach. Das Hauptmerkmal dieser Kost ist die grundsätzliche Trennung zwischen Eiweiß und Kohlenhydraten.

Schauen Sie sich jetzt bitte einmal den Trennungsplan auf den Seiten 12 und 13 an. Unter der Überschrift „Eiweißgruppe" sind die Lebensmittel aufgeführt, die besonders eiweißreich sind, und unter „Kohlenhydratgruppe" finden Sie die kohlenhydratreichen Nahrungsmittel. Innerhalb einer Mahlzeit dürfen die Lebensmittel beider Gruppen nicht zusammen verzehrt werden. Sinn und Zweck dieser Trennung ist es, eine gewisse Ordnung in den Verdauungsprozess zu bringen, denn die eiweißreichen Lebensmittel benötigen ein saures Milieu im Magen-Darm-Trakt und die kohlenhydratreiche Nahrung benötigt ein basisches Milieu, um ordnungsgemäß verdaut zu werden.

Lässt man die Lebensmittel aus beiden Gruppen in einer Mahlzeit zusammen, so werden die Verdauungsorgane oftmals übermäßig belastet, da das optimale Milieu der Verdauungssäfte durch die unterschiedlichen Lebensmittelgruppen gestört wird. Beschwerden im gesamten Magen-Darm-Bereich, wie Sodbrennen, Blähbauch, schlechte Verdauung und Trägheit, können die Folgen sein. Viele kennen dies sicher aus eigener Erfahrung.

Unter der Überschrift „Neutrale Gruppe" sind die Lebensmittel aufgelistet, die weder die Eiweiß- noch die Kohlenhydratverdauung stören, sondern sie harmonieren mit allen Lebensmitteln und dürfen daher sowohl mit eiweißreicher als auch mit kohlenhydratreicher Nahrung zusammen verzehrt werden.

Möglicherweise empfinden Sie diese Zuordnung als widersprüchlich. Sie beruht aber auf den langjährigen Erfahrungen Dr. Hays. So sind zum Beispiel die gesäuerten Milchprodukte, wie Joghurt oder Quark, eiweißreich, gelten aber dennoch nach der Trennkostlehre als neutral, da das Eiweiß durch die Säuerung verändert wurde und so leichter verdaulich ist. Rohes Fleisch und roher Fisch sind ebenfalls eiweißreiche Lebensmittel. Sie gelten in der Trennkost aber als neutral, weil ihre Zellstrukturen noch so sind, wie die Natur sie gebildet hat. Erst durch Erhitzen verhärten und verdichten sich die Zellwände und werden somit schwerer verdaulich. Dennoch sollten rohes Fleisch und roher Fisch nur in Maßen verzehrt werden, da sie nicht zu den empfehlenswerten Lebensmitteln gehören (siehe Trennungsplan, Seite 13). Zu den neutralen Nahrungsmitteln gehören nach dem Verständnis der Trennkostlehren unter anderem alle Fette, naturbelassenen Öle und Butter, sowie alle fettreichen Nahrungsmittel. Und das hat folgenden Grund: Fett wird nicht im Magen, sondern erst im oberen Teil des Dünndarms verdaut. Somit stört es den vorangegangenen Verdauungsprozess nicht. Trotz allem sollten Fette, besonders die tierischen Fette, nicht zu häufig und auch nie in großen Mengen verzehrt werden.

Überhaupt ist es besser, einige Nahrungsmittel nicht zu häufig zu verzehren. Zu diesen gehören Fleisch, Wurst, Schinken, aber auch Geräuchertes und Gepökeltes. Auch wenn Sie solche Nahrungsmittel auf dem Trennungsplan finden, sollten Sie dies keinesfalls als Aufforderung zu reichlichem Verzehr verstehen. Ich möchte Sie an dieser Stelle nur darüber aufklären, zu welcher Gruppe bestimmte Nahrungsmittel gehören. Unter der Überschrift „Bitte meiden Sie" sind die eben erwähnten Lebensmittel noch einmal zusammengefasst.

Dennoch sollten Sie stets selbst entscheiden, ob Sie ein Lebensmittel lieber meiden möchten oder nicht. Ihre persönliche Freiheit liegt mir sehr am Herzen.

Das Säure-Basen-Gleichgewicht

Der menschliche Körper besteht laut Dr. Hay hauptsächlich aus basischen Elementen. Dementsprechend empfiehlt er, dass auch die täglichen Mahlzeiten zu einem Großteil aus pflanzlichen Lebensmitteln (Basenbildnern) bestehen sollen, um das natürliche Gleichgewicht des Organismus nicht zu stören. Werden zu wenig Gemüse, Salate, Rohkost und Obst gegessen, kann es zu einem Mangel an wertvollen basischen Mineralstoffen kommen. Der Körper wird sauer und muss auf die eigenen Mineralstoffdepots zurückgreifen.

Eine Übersäuerung des Körpers kann zu Sodbrennen, Blähbauch aber auch zu Gicht, rheumatischen Entzündungen oder Stoffwechselerkrankungen (darunter fällt auch das extreme Übergewicht) führen. Aus dem Grund empfiehlt es sich, neben der Trennung der einzelnen Nahrungsmittel, zusätzlich auf eine basenüberschüssige Kost zu achten und weniger von den Nahrungsmitteln zu essen, die im Körper saure Rückstände hinterlassen.

Dr. Hay zählte die eiweißreichen Nahrungsmittel wie Fleisch, Wurst, Fisch, Käse, Eier, aber auch verschiedene Kohlenhydrate wie Zucker, geschältes Getreide und polierten Reis zu den Säurebildnern. Auch Kaffee, schwarzer Tee, Kakao, Alkohol, Nikotin und einige Medikamente hinterlassen nach ihrem Verzehr saure Rückstände im Körper. Daneben kann durch familiären oder beruflichen Stress, Lärm, Ärger, plötzlicher Schreck oder übermäßigen Sport der Säurewert im Blut in Sekundenschnelle ansteigen.

Zum Glück verfügt der menschliche Organismus über ein gut funktionierendes Puffersystem, sodass dieser Säureüberschuss ausgeglichen werden kann. Der gesunde Organismus ist zudem in der Lage, alle belastenden Substanzen in der Leber abzubauen und über Nieren, Darm, Lunge und Haut wieder auszuscheiden.

Langfristig kann jedoch selbst der gesündeste Körper eine unaufhörliche Flut von sauren Rückständen nicht verkraften. Neben einer harmonischen Lebensweise können wir ein dauerhaftes Säure-Basen-Gleichgewicht nur erreichen, wenn wir unseren Körper mit allen lebensnotwendigen Stoffen versorgen und ihn nicht unnötig durch falsche Ernährung und stressreiche Konflikte belasten.

Qualität ist wichtig

Neben der Trennung der Lebensmittel und der Beachtung des Säure-Basen-Gleichgewichtes ist der dritte sehr wichtige Punkt der Trennkostlehre die Natürlichkeit und die Vollwertigkeit der Nahrung.

In der Praxis heißt dies: Kaufen Sie nur Lebensmittel bester Qualität ein – dies wirkt sich positiv auf Ihren Körper aus. Bevorzugen Sie frisches Gemüse und Obst aus ökologischem oder integriertem Anbau oder dem eigenen Garten. Weitere gute Angebote finden Sie im Bioladen, Reformhaus, Wochenmarkt oder kleinen Fachgeschäften. Auch Brot und Brötchen, aus Vollkornmehl gebacken, haben durch ihre Nährstoffdichte einen höheren Gesundheitswert.

Vollwertig essen heißt, auf industriell hergestellte Kost zu verzichten. Lassen Sie Fertigkost, Lightprodukte oder solche Nahrungsmittel, die ein langes Haltbarkeitsdatum aufweisen, im Regal stehen. Industriell hergestellte und stark verarbeitete Lebensmittel enthalten meist künstliche Zusatzstoffe, Konservierungsmittel, Farbstoffe sowie Geschmacksverstärker. Zwar sind diese Produkte für das Auge schön und durch die geschmacksverstärkenden Aromastoffe für den Gaumen äußerst reizvoll, doch wurden sie ihrer Natürlichkeit beraubt. Diese Nahrung dient jetzt nur noch der Sättigung und der Geschmacksbefriedigung. Hinzu kommt, dass die darin enthaltenen geschmacksverstärkenden Zusatzstoffe den Appetit übermäßig anregen.

Generell gilt, dass naturbelassene Nahrung schneller sättigt. So hat zum Beispiel Honig fast die gleiche Kalorienzahl wie die von der Industrie hergestellten Süßigkeiten, mit dem kleinen Unterschied, dass nach dem Genuss von 2 bis 3 Esslöffeln Honig im Körper ein Widerwillen gegen diese Süße entsteht. Bei Pralinen oder Ähnlichem wird der Appetit aber erst so richtig geweckt.

Dass heute immer mehr Menschen zu Fertiggerichten und Fast Food greifen, liegt offensichtlich am Zeitmangel. Erst zu planen, dann einzukaufen und anschließend die Speisen noch zuzubereiten, ist gerade für Berufstätige oftmals unmöglich. Auch die Unwissenheit über die Zusammenhänge zwischen der eigenen Gesundheit und der Ernährung spielt eine sehr wichtige Rolle. Würde der Mensch das Ergebnis einer falschen Ernährungsweise gleich spüren, würde sich manches sehr schnell ändern.

Die Trennkost ist eine Ernährungsform, die dem Körper alles liefert, was er zur Gesunderhaltung braucht. Wenn Sie die Rezepte aus diesem Buch ausprobieren, werden Sie überrascht sein, wie köstlich und abwechslungsreich gesunde Ernährung sein kann.

Der nachfolgende Trennungsplan gibt Ihnen einen schnellen Überblick über die 3 Lebensmittelgruppen, die in der Trennkost nur nach bestimmten Regeln verzehrt werden sollen.

Am Anfang werden Sie vielleicht noch des Öfteren nachschlagen müssen. Aber bald schon wissen Sie, dass zum Beispiel Käse mit mindestens 60 % Fett i. Tr. zur neutralen Gruppe gehört, während Käsesorten mit weniger Fett zur Eiweißgruppe zählen.

Mit der Zeit kennen Sie alle Ausnahmen wie beispielsweise die, dass gekochte Tomaten der Eiweißgruppe zugeordnet sind, wenngleich rohe Tomaten wie fast alles Gemüse zur neutralen Gruppe gehören.

Trennungsplan

Innerhalb einer Mahlzeit dürfen zur Eiweiß- und zur Kohlenhydratgruppe gehörende Lebensmittel nicht gemischt werden. Folgende Kombinationen sind aber möglich:

- Lebensmittel aus der Eiweiß- und der neutralen Gruppe,
- Lebensmittel aus der Kohlenhydrat- und der neutralen Gruppe.

Eiweißgruppe

- alle Fleischsorten im gegarten Zustand von Rind, Kalb, Lamm und Hammel; Schweinefleisch ist nicht empfehlenswert;
- alle gegarten Geflügelsorten;
- gegarte Wurstsorten (ohne Zusatz von Schweinefleisch erhältlich), z. B. Fleischwurst, Leberkäse, Rindswurst, Knacker, Corned Beef, gekochter Schinken, Geflügelwurst;
- ungeräucherte, gegarte Fischsorten sowie Schalen- und Krustentiere im gegarten Zustand;
- Sojaprodukte, z. B. Tofu, Sojasauce, Brotaufstriche;
- Eier;
- Milch aller Fettstufen;
- Käse mit höchstens 55 % Fett i. Tr.;
- gekochte Tomaten;
- Getränke, z. B. Früchtetee, Apfelwein, herber Weiß- und Rotwein sowie Sekt;
- Beerenfrüchte (außer Heidelbeeren);

- Kernobst (außer mürben, süßen Äpfeln);
- Steinobst;
- Zitrusfrüchte (z. B. Orangen, Zitronen und Grapefruits);
- exotisches Obst (außer Bananen).
  (Dr. Hay ordnet säurereiche Obstsorten zwar der Eiweißgruppe zu, jedoch hat es sich nach meiner Erfahrung bewährt, nur geringe Mengen davon mit anderen Lebensmitteln aus der Eiweißgruppe zu mischen. Oder essen Sie diese Obstsorten nur zusammen mit Milch oder angesäuerten Milchprodukten.)

Neutrale Gruppe

- Fette, z. B. Öle (kaltgepresste bevorzugen), ungehärtete Margarinesorten mit einem hohen Anteil an mehrfach ungesättigten Fettsäuren (aus dem Reformhandel) und Butter;
- gesäuerte Milchprodukte, z. B. Joghurt, aber auch vergorenes Molkekonzentrat;
- süße Sahne und Kaffeesahne;
- Käse mit mindestens 60 % Fett i. Tr.;
- Weißkäse, z. B. Schafs- und Ziegenkäse, Mozzarella, körniger Frischkäse;
- rohe, geräucherte Wurstwaren, z. B. Bündner Fleisch, roher Schinken, Salami, Debrecziner;

- rohes Fleisch, z. B. Tatar (sollte aber möglichst gemieden werden);
- rohe marinierte oder geräucherte Fischsorten, z. B. Schillerlocke, Makrele, Bismarckhering, Matjes;
- folgende Gemüse- und Salatsorten sowie Pilze: Auberginen, Artischocken, Brokkoli, Blumenkohl, grüne Bohnen, grüne Erbsen, Fenchel, Gurken, Knoblauch, Kohlrabi, Lauch, frischer Mais, Möhren, Oliven, Paprika, Peperoni, Radieschen, Rettich, Rote Beten, Rosenkohl, Rotkohl, Sauerkraut, Sellerie, Spargel, Spinat, rohe Tomaten, Weißkohl, Wirsing, Zwiebel, Zucchini, alle Blattsalate (auch z. B. Eisberg-, Endivien- und Feldsalat), Schikoree und Chinakohl sowie Austernpilze, Champignons, Pfifferlinge & Co.;
- Sprossen und Keimlinge;
- Kräuter und Gewürze;
- Nüsse und Samen (außer Erdnüssen), z. B. Haselnüsse, Kokosraspel, Mandeln, Sesam;
- Heidelbeeren;
- ungeschwefelte Rosinen;
- Eigelb;
- Hefe;
- klare, hochprozentige Spirituosen;
- Kräutertees;
- Geliermittel, z. B. Gelatine, Agar-Agar;
- pflanzliche Bindemittel.

Kohlenhydratgruppe

- Getreidesorten, z. B. Dinkel, getrockneter Mais, Naturreis;
- Buchweizen;
- Vollkorngetreideerzeugnisse, z. B. Vollkornbrot, Vollkornnudeln;
- folgende Gemüse- und Obstsorten: Kartoffeln, Topinambur, Grünkohl, Schwarzwurzeln, Bananen, ungeschwefeltes Trockenobst (außer Rosinen – sie sind neutral; Korinthen hingegen zählen zu den Kohlenhydraten), frische Datteln und Feigen und mürbe, süße Äpfel;
- folgende Süßungsmittel: Frutilose, Honig, Ahornsirup, Birnen- und Apfeldicksaft;
- Verschiedenes, wie z. B. Kartoffelstärke, Weinsteinbackpulver, Puddingpulver, Karobe (gemahlene Frucht des Johannisbrotbaumes – das Pulver wird wie Kakao verwendet);
- Bier.

Bitte meiden Sie

- weißes Mehl und daraus hergestellte Produkte, z. B. süße und pikante Backwaren sowie Nudeln;
- polierten Reis;
- Zucker, Süßstoffe und damit hergestellte Produkte, z. B. Süßigkeiten und Marmeladen;
- Fertiggerichte und Konserven;
- getrocknete Hülsenfrüchte;
- Erdnüsse;
- Preiselbeeren;
- Schweinefleisch sowie alle daraus hergestellten Produkte;
- rohes Fleisch;
- rohes Eiweiß von Eiern;
- fertige Mayonnaise; säurereichen Essig;
- gehärtete Fette, z. B. normale Margarinesorten und feste, weiße Frittier- und Bratfette (Plattenfette);
- schwarzen Tee, Kaffee, Kakao und hochprozentige Spirituosen.

Ob Sie ganz auf die genannten Lebensmittel verzichten, liegt an Ihnen.

Die häufigsten Fragen meiner Leser

Obwohl das System der Trennkost sehr einfach aufgebaut ist, tauchen doch immer wieder Fragen auf. Die interessantesten Fragen habe ich in diesem Buch zusammengetragen und beantwortet.

Nach vielen Diäten, die alle keine langen Wirkungen zeigten, habe ich die Haysche Trennkost entdeckt. Bis jetzt habe ich 14 Kilo abgenommen und möchte diese Ernährungsform beibehalten. Mein Arzt hat mir jedoch davon abgeraten, da Langzeitwirkungen nicht bekannt wären und mein Körper mit Mineralstoffen und Vitaminen unterversorgt würde.

Aufgrund meiner zwanzigjährige Berufserfahrung kann ich Sie hier ehrlichen Gewissens beruhigen. Sie werden weder an Mineralstoff- noch an Vitaminmangel leiden. Ganz im Gegenteil, durch die Trennkost wird der Körper mit Vitalstoffen optimal versorgt und es findet gleichzeitig eine Entgiftung und Entsäuerung statt.
Zum Thema Langzeitwirkungen wäre zu sagen, dass diese Ernährungsform schon seit über fünfzig Jahren erfolgreich in der Stoffwechselklinik Dr. Walb, in Homberg/Ohm praktiziert wird. Ich selbst durfte am eigenen Leib und zudem an mehreren tausend Menschen die positive Wirkung der Hayschen Trennkost erleben und beobachten. Und einmal dumm gefragt: Was ist
gegen einen Teller Gemüse mit Kartoffeln oder ein Steak mit Salat einzuwenden? In den Kriegs- und Nachkriegsjahren hat eine ganze Nation unbewusst nach den Regeln der Hayschen Trennkost gegessen. Damals litten die Menschen kaum unter Gicht, Rheuma, Allergien, Magen- und Darmproblemen oder an anderen Stoffwechselstörungen.

Können Sie mir bitte noch einmal die genauen Zeitabstände zwischen den Mahlzeiten nennen, da ich mir unsicher bin, wie lange zum Beispiel eine Esspause nach einer Obstmahlzeit sein sollte.

Im Allgemeinen wird Obst sehr schnell verdaut, da diese Lebensmittel eigene Verdauungsenzyme besitzen und praktisch bei der Zersetzung selbst mithelfen. Aus diesem Grund kann auf eine Obstmahlzeit, die zur Gruppe der Eiweiße gehört, schon nach etwa einer halben Stunde eine Eiweiß- oder Kohlenhydratmahlzeit folgen. Aber nun zu den genauen Zeiten: Nach dem Frühstück sollte eine Esspause von etwa 2 bis 3 Stunden eingehalten werden. Dann folgt eine Zwischenmahl-
zeit. Die anschließende Esspause kann ½ Stunde bis 1 ½ Stunden betragen.
Nach dem Mittagessen benötigt der Magen eine längere Verschnaufpause von etwa 3 bis 4 Stunden – zur Bildung der Verdauungssäfte und gleichzeitiger Zersetzung. Die Esspause am Nachmittag nach der Zwischenmahlzeit kann etwa 1 bis 2 Stunden betragen. Dann folgt schon das Abendessen. Dieses sollte nicht zu spät eingenommen werden.

Nun habe ich eine Woche Trennkost hinter mir. Was die neutralen Lebensmittel betrifft, bin ich mir nicht ganz sicher, wie viel ich von diesen pro Mahlzeit zu mir nehmen darf.

Das Wort „neutral" klingt natürlich sehr verführerisch, da es den Anschein erweckt, man könnte diese Nahrungsmittel in unbegrenzter Menge verzehren. Dies ist natürlich nicht richtig. Neutral bedeutet in der Fachsprache der Hayschen Trennkost, dass diese Nahrungsmittel weder die Eiweiß- noch die Kohlenhydratverdauung im Aufspaltungsprozess stören. Innerhalb der Neutralen muss man zwei Gruppen unterscheiden:

Nahrungsmittel wie Gemüse, Salate, Rohkost und Obst gehören zur ersten Gruppe und dürfen in unbegrenzter Menge verzehrt werden. Fette, Öle, roher Schinken, geräucherte Fischwaren gehören zur zweiten Gruppe. Hier dürfen Sie nur begrenzt zugreifen. Dies hat nicht alleine etwas mit den Kalorien zu tun, sondern vielmehr mit dem Säure-Basen-Gleichgewicht.

Seit meiner Umstellung auf Trennkost hat sich mein Befinden deutlich gebessert – der „Gasbauch" ist verschwunden, meine rheumatischen Beschwerden haben sich gebessert. Probleme habe ich noch mit den in Ihren Büchern angegebenen Mengen, die mir manchmal einfach zu groß sind.

Selbstverständlich kann jeder die Portionsgröße selbst bestimmen und die Mahlzeit nach Bedarf verkleinern oder auch vergrößern. Wichtig ist nur, dass das Verhältnis zwischen Säuren und Basen bestehen bleibt. Essen Sie zum Beispiel ein Steak von 100 Gramm, dann sollte als Beilage mindestens 250 Gramm Gemüse oder Salat gegessen werden – besser wären 300 bis 400 Gramm. Vergrößert sich die Fleischportion, sollte auch der Anteil an Gemüse oder Salat erhöht werden.

Ich bin seit zehn Jahren Diabetiker und möchte wegen meines Übergewichtes gerne mit der Trennkost

beginnen. Ich bin mir aber nicht sicher, ob ich mir damit schade.

Ich selbst habe während meiner langjährigen Berufserfahrung viele Diabetiker kennen gelernt, die durch die Haysche Trennkost mit weniger oder sogar ganz ohne Medikamente auskamen. Selbstverständlich müssen Sie als Diabetiker weiterhin unter ärztlicher Aufsicht bleiben bzw. Ihren Blutzuckerspiegel selbst beobachten. Doch tritt bei dieser Ernährungsform allgemein eine Besserung ein.
Forscher der Universität Bloemfontein in Südafrika führten an 30 übergewichtigen Frauen mit Hyperinsulinämie eine Langzeitstudie mit einer Art Trennkost durch. Wie erwartet verloren alle Patientinnen an Gewicht und erfreulicherweise sanken auch ihre Nüchterninsulinwerte. Auch die Stoffwechselklinik Walb, in Homberg/Ohm verzeichnet solche Erfolge.

Ich bin schwanger und möchte in dieser Zeit nicht übermäßig zunehmen. Ist die Trennkost jetzt für mich die richtige Ernährung oder schade ich mir und meinem Kind?

Da in meinen früheren Trennkostgruppen häufig schwangere Frauen waren, kann ich werdenden Müttern die Trennkost nur empfehlen. Erstens werden dem Körper alle lebensnotwendigen Vitamine und Mineralstoffe zugeführt, und zweitens kommt es nicht zu den starken Wasseransammlungen im Kör-

per. Drittens wird der gesamte Verdauungsorganismus durch diese Ernährungsform entlastet. Auch während der anschließenden Stillzeit kann die Haysche Trennkost ohne Bedenken weiter durchgeführt werden, natürlich unter der Maßgabe Kohl, Zitrusfrüchte und Alkohol zu meiden.

Seit kurzem koche ich nach Ihren Rezepten und habe damit sehr gute Erfahrungen gemacht. Allerdings habe ich ein Problem mit dem Cholesterin und traue mich nicht so recht an den vollfetten Käse, an Sahne und an Eier heran.

Auch mit erhöhten Cholesterinwerten brauchen Sie auf diese Lebensmittel nicht zu verzichten, wenn Sie gleichzeitig auf das Säure-Basen-Gleichgewicht achten. Das bedeutet, dass Sie zusätzlich sehr viel basenbildende Kost in Form von Gemüse, Salaten, Rohkost und Obst essen sollten. Diese Nahrungsmittel wirken ausgleichend und können außerdem den Cholesterinspiegel senken.

Weil ich oft Kopfschmerzen habe, möchte ich meine Ernährung umstellen. Macht es Sinn, wenn ich mich an fünf Tagen der Woche nach der Trennkost ernähre, am Wochenende aber nicht?

Besser fünf Tage Trennkost als gar keine Trennkost. Doch bezweifle ich, dass Sie damit Ihre Kopfschmerzen loswerden. Da der Körper die ganze Woche auf

Entgiftung eingestellt ist, am Wochenende dagegen mit üppigen Mahlzeiten strapaziert wird, kann es Ihnen passieren, dass der Verdauungstrakt total überfordert wird. Der bessere Vorschlag wäre, sich die Woche über nicht zu stark zu kasteien, sodass kein Gefühl der Entbehrung auftritt und der Körper sich so an einen harmonischen Rhythmus gewöhnt.

Seit ich neulich in einem Trennkostbuch las, Vollmilch gehöre zur neutralen Gruppe, fettarmer Joghurt und Quark aber zu der Gruppe der Eiweiße, bin ich nun sehr verunsichert, was Milch, Joghurt und Quark betrifft. Für ein paar Zeilen der genaueren Erläuterung wäre ich Ihnen sehr dankbar.

Zum Thema Milchprodukte erhalte ich sehr viele Anfragen, da leider andere Autoren diesbezüglich eigenmächtig neue Trennkostregeln aufgestellt haben. Milch, egal welche Fettstufe, gehört nach wie vor in die Gruppe der Eiweiße. Sie zählt zu den schwer verdaulichen Nahrungsmitteln, da sie im Magen aufgrund der sauren Verdauungssäfte sofort gerinnt und einen Käseklumpen bildet. Joghurt, Quark oder andere gesäuerte Milchprodukte (auch hier spielt der Fettgehalt keine Rolle) sind zwar eiweißreich, werden aber den Neutralen zugeordnet. Der Grund hierfür liegt im Säuerungsprozess – herbeigeführt durch die Milch-

säurebakterien. Diese verändern durch die Säuerung die Struktur der schwer verdaulichen Milch. Diese wird flockig und ist somit leichter verdaulich. Also nicht der Eiweißgehalt spielt hier die ausschlaggebende Rolle, sondern die bessere Verdaulichkeit des Lebensmittels. Man kann sagen: gesäuerte Milchprodukte sind schon vorverdaut.

In Ihren Trennkost-Büchern empfehlen Sie, auf Süßstoff zu verzichten. Wäre es aber nicht besser, zwecks Kalorieneinsparung bei einer Gewichtsreduktion, Süßstoffe weiterhin zu verwenden?

Süßstoffe sind speziell bei Übergewichtigen und Diabetikern sehr beliebt, da sie sehr viel stärker süßen als weißer Zucker – und das, ohne dem Körper zusätzliche Kalorien zuzuführen. Aber Süßstoffe werden nicht nur auf einer rein synthetischen Basis hergestellt, sondern sie regen zudem auch noch den Appetit übermäßig an. So können sie für Übergewichtige bei Dauergebrauch zu einem echten Problem werden. Denn die hochempfindlichen Sensoren in Mund und Gehirn signalisieren der Bauchspeicheldrüse, dass jetzt etwas Süßes kommt. Die Bauchspeicheldrüse ihrerseits produziert vorsorglich Insulin, tatsächlich wird aber nur eine süße Imitation zugeführt. Das nun überschüssige Insulin nimmt notgedrungen die Glukosereserven aus dem Blut. Dies hat wiederum zur Folge, dass die Zuckerkonzentration

beträchtlich absinkt. Es kommt zu einer Unterzuckerung und dadurch zu erneutem Hunger. In der Schweinemast ist dieser Effekt schon lange bekannt. Füttert man zum üblichen Mastfutter Süßstoffe, so haben die Schweine einen größeren Appetit. In der Folge fressen sie mehr und nehmen dabei schneller zu.

Ich esse gerne scharf und würze deshalb mit viel Pfeffer. Leider gehört der Pfeffer in der Trennkostliste zu Nahrungsmitteln, die man meiden soll. Aus welchem Grund?

Dr. Howard Hay litt an der Brightschen Nierenerkrankung und verbannte all die Nahrungsmittel von seinem Speiseplan, die eine Nierenreizung auslösen können. So unter anderem auch Pfeffer, Senf, Ingwer, Meerrettich, schwarzen Tee, Kaffee, Kakao, Preiselbeeren. Alle diese Nahrungsmittel können, werden sie in größeren Mengen genossen, den Nieren Schaden zufügen. Gegen kleinere Mengen dieser Gewürze und Nahrungsmittel ist nichts einzuwenden, doch sollten Nierenkranke vorsichtig mit ihnen umgehen.

In Ihren Rezepten verwenden Sie sehr oft Sahnedickmilch. Leider hat mein Lebensmittelhändler sie nicht in seinem Sortiment. Was ist Sahnedickmilch eigentlich, und durch was kann ich sie ersetzen?

Sahnedickmilch ist ein gut bekömmliches, mit Sahne verfeinertes Sauermilchprodukt. Ersetzen kann man dieses Produkt durch milden stichfesten Joghurt, der mit einem Schuss süßer oder saurer Sahne verrührt wird.

Ihren Büchern habe ich wertvolle Tipps entnommen und auch versucht mich daran zu halten. Doch es fällt mir sehr schwer, auf Essig zu verzichten, da ich ein großer Fan von Balsamessig bin. Warum soll man in der Trennkost keinen Essig verwenden?

Generell ist Essig nicht verboten. Da er aber zu den stark säurebildenden Nahrungsmitteln zählt, wird er in der Trennkost nicht empfohlen. Milde Essigsorten, dazu gehört auch der Balsamessig, können in kleinen Mengen zu Eiweißmahlzeiten verwendet werden. Essigersatz für kohlenhydrathaltige Speisen sind Molkosan – ein vergorenes Molkekonzentrat – und stark verdünnter Obstessig sowie Brottrunk. Zum Säuern von Salatsaucen zu Eiweißmahlzeiten eignet sich auch Zitronensaft hervorragend.

Da ich sehr gerne Äpfel esse, würde es mich interessieren, welche Sorten Äpfel ich zum Müsli essen darf?

Frisch geerntete Äpfel, die noch sehr viel Fruchtsäure enthalten, werden in einem sauren Milieu verdaut. Sie dürfen nicht zum Müsli verzehrt werden, da sie zu den Eiweißen gehören. Der gleiche Apfel, der über einen längeren Zeitraum abgelagert und mürbe wurde, hat seine Fruchtsäure verloren und wird nun in einem basischen Milieu verdaut. Dieser Apfel zählt jetzt zu den Kohlenhydraten und darf zum Müsli gegessen werden.

In einer Frauenzeitschrift las ich kürzlich, dass getrocknete Hülsenfrüchte in anderen Trennkostlehren zur neutralen Kost gehören. In der Trennkost nach Dr. Hay zählen sie zu den nicht empfohlenen Nahrungsmitteln. Warum dieser Unterschied, und sind die getrockneten Hülsenfrüchte, wegen ihres hohen Ballaststoffgehaltes, nicht besonders wertvoll?

Hier haben die Autoren aus Unkenntnis eigenmächtig gehandelt und die getrockneten Hülsenfrüchte kurzerhand als neutral erklärt. Grund hierfür war der fast gleich hohe Eiweiß- und Kohlenhydratgehalt. Aber dies macht ein Nahrungsmittel noch lange nicht neutral. Dass getrocknete Hülsenfrüchte bei der Original Hayschen Trennkost gemieden werden sollten, hat folgenden Grund: Hülsenfrüchte sind als schwer verdaulich bekannt, was unter anderem auf die Saponine (organische Verbindungen) zurückzuführen ist. Diese wirken im Darm stark schäumend – ähnlich wie eine Seifenlauge, die die Luft am Entweichen hindert. Der gleich hohe Gehalt an Eiweißen und Kohlenhydraten kann zudem zu Verdauungsschwierigkeiten

führen. Übrigens zählen auch die Erdnüsse zu den Hülsenfrüchten.

Weshalb sind Tomaten, wenn sie gekocht sind, den Eiweißen zuzurechnen?

Die im Rohzustand noch süß schmeckende Tomate wird durch den Erhitzungsprozess zur sauren Frucht, zählt also zur Eiweißgruppe. Im Rohzustand gehören Tomaten zur neutralen Gruppe. In anderen Ernährungslehren werden Tomaten dagegen immer den sauren Früchten zugeordnet. Jeder Verdauungsorganismus reagiert jedoch anders. Beobachten Sie sich deshalb nach dem Genuss von rohen und gekochten Tomaten. Achten Sie auf die Bekömmlichkeit, und entscheiden Sie, wie Sie die Tomaten genießen möchten.

Mit dieser Art der bewussten Ernährung sammelte ich bereits gute Erfahrungen. Doch ab und zu möchte ich Vollkornnudeln durch helle Nudeln ersetzen. Darf ich das?

Vollkornnudeln sind nicht jedermanns Geschmack, und da Essen ja Freude bereiten soll, bin ich der Meinung, dass man hier nicht so strenge Regeln aufstellen sollte. Wichtig ist der Grundgedanke der gesunden Ernährung. Wenn andere Nahrungsmittel den vollen Wert (Vitalstoffe) enthalten, können ruhig auch mal helle Nudeln gegessen werden. Ein schlechtes Gewissen brauchen Sie deshalb jedenfalls nicht zu haben.

Soweit mir bekannt ist, gehört Meerrettich zu den Heilpflanzen. Warum soll in der Trennkost auf ihn verzichtet werden?

Meerrettich zählt tatsächlich zu den Heilpflanzen, jedoch nur dann, wenn er äußerlich angewandt wird, und zwar in Form von Umschlägen bei Ischias, Rheuma oder Nervenentzündungen. Wird Meerrettich gegessen, regen seine ätherischen Öle den Appetit und die Verdauung an. In kleinen Mengen ist gegen dieses Gewürz nichts einzuwenden, doch sollte Meerrettich nicht überdosiert werden, da es sonst zu Nierenreizungen kommen kann. Nierenkranke sollten auf Meerrettich besser ganz verzichten.

Ich esse sehr gerne Rhabarber. Doch kürzlich hörte ich, dass dieser zu den nicht empfehlenswerten Speisen gehört.

Die im Rhabarber befindliche Oxalsäure spielt bei der Bildung von Nierensteinen eine beachtliche Rolle. Aus diesem Grund sollte Rhabarber nicht allzu oft verzehrt werden. Besonders Nierenkranke sollten keinen Rhabarber zu sich nehmen.

Begehe ich einen Fehler bei der Trennkost, wenn ich vor dem Frühstück ein Glas Wasser mit Obstessig und Honig trinke?

Behalten Sie Ihre gute Angewohnheit ruhig bei. Obstessig wird aus Apfelmost hergestellt

und enthält alle wichtigen Mineralien des Apfels. Verdünnt mit Wasser und etwas Honig wird aus dieser Essigsorte ein Getränk, dem man eine Reihe von sehr guten Eigenschaften nachsagt.

Da ich bei Kuchen und anderen kohlenhydratreichen Mahlzeiten kein Eiweiß verwende (nur das Eigelb ist ja neutral) behalte ich häufig Eiweiß übrig. Es kostet mich immer wieder Überwindung das Eiweiß wegzuschütten. Wie kann ich das Eiweiß denn weiterverwenden?

Hier zwei Vorschläge zur Weiterverwendung: Unter das restliche Eiweiß je nach Geschmack 1 bis 2 oder mehr Eier rühren und daraus Rührei backen oder das Eiweiß als Suppeneinlage unter eine Brühe ziehen. Hühnereiklar sollten Sie auf keinen Fall lange offen stehen lassen, da sich darin sonst Bakterien sammeln.

Die leckeren Kuchen und Desserts, aber auch das pikante Gebäck aus Ihren Büchern verlocken zum Ausprobieren. Wann darf man diese Sachen essen? Als Ersatz für ein Mittag- oder Abendessen, als Nachtisch oder als Zwischenmahlzeit?

Da jeder einen anderen Geschmack oder andere Gelüste hat, kann ein Dessert oder ein Stück Kuchen schon einmal das Mittag- oder Abendessen ersetzen. Wichtig ist nur, vor der Mahlzeit einen Teller Salat,

Rohkost oder Gemüse zu essen. Wer das nicht möchte, kann alternativ als nächste Zwischen- oder Hauptmahlzeit einen großen Salatteller oder Gemüse essen. Im eigentlichen Sinne waren Kuchen und Gebäck als Zwischenmahlzeit für den Nachmittag gedacht. Die Desserts sollten als Vor- oder Nachspeise zu einer Eiweiß- oder Kohlenhydratmahlzeit, aber auch als Zwischenmahlzeit dienen.

Weitere Informationen über

- Ursula Summ und ihr „Erfolgsrezept" Trennkost
- die Trennkost-Abnehmschule
- den Weg zum Trennkost-Seminarleiter

erhalten Sie unter folgender Adresse:

Ursula und Klaus Summ
Postfach Buzon Nr. 356
Calle Patricio Ferrandiz 40
E-03700 Denia/Alicante
Spanien
Fax: 00 34/9 65 78 47 15
E-Mail:
trennkost.summ@teleline.es

Hinweise zu den Rezepten

Trennkostgruppen

Damit Ihnen die Zuordnung der Rezepte in die drei Lebensmittelgruppen leichter fällt, finden Sie vor jedem Rezeptnamen einen kleinen Hinweis:

 = Kohlenhydratgruppe

E = Eiweißgruppe

N = Neutrale Gruppe

Portionsangaben

Bei jedem Rezept steht dabei, wie viele Portionen es ergibt. Wenn Sie davon mehr zubereiten möchten, können Sie die Zutatenmengen in der Regel problemlos verdoppeln.

Kalorien- und Mengenangaben

Die Angaben zu Kilokalorien (kcal) beziehen sich immer auf 1 Portion oder 1 Stück. Die Zutatenmengen beziehen sich in der Regel auf ungeputzte Rohware.

Zubereitungszeit

Die Zubereitungszeit beinhaltet sowohl die Vorbereitungszeit (waschen, putzen, klein schneiden) als auch die Garzeit. Besondere Zeiten, wie Backzeit, Kühlzeit, Marinierzeit etc. sind extra ausgewiesen. Es handelt sich dabei um Durchschnittswerte.

Zutaten

Einige der in den Rezepten verwendeten Zutaten sind im Naturkosthandel (Reformhäuser, Bioläden) erhältlich: z. B. Meersalz, vegetarische Gemüsebrühe (Instantpulver).

Abkürzungsverzeichnis

TL	= Teelöffel (gestrichen)
EL	= Esslöffel (gestrichen)
ML	= Messlöffel
g	= Gramm (1000 g = 1 kg)
kg	= Kilogramm
ml	= Milliliter (1000 ml = 1 l)
l	= Liter
Msp.	= Messerspitze
Std.	= Stunde(n)
Min.	= Minute(n)
kcal	= Kilokalorien (1 kcal = 4,2 kJ)
kJ	= Kilojoule
Fett i. Tr.	= Fett in der Trockenmasse
TK-...	= Tiefkühl-...
°C	= Grad Celcius
∅	= Durchmesser

Rezepte

- Frühstück
- Zwischenmahlzeit
- Kleine Gerichte
- Gemüse, Salate & Saucen
- Hauptgerichte
- Desserts & Gebäck

K Käsebrötchen

Zubereitungszeit: ca. ¼ Stunde
Für 1 Person
ca. 410 kcal pro Portion

1 Vollkornbrötchen
2 Salatblätter
1 EL Butter
50 g Camembert,
    60% Fett i. Tr.
¼ Bund Schnittlauch

1. Das Brötchen längs halbieren und beide Hälften toasten. In der Zwischenzeit die Salatblätter waschen und trockentupfen.

2. Die Brötchenhälften mit der Butter bestreichen und dann mit den Salatblättern belegen.

3. Den Käse in Scheiben schneiden und auf den Salat legen.

4. Den Schnittlauch waschen, trocken schütteln und in feine Röllchen schneiden. Die Käsebrötchen damit bestreuen.

Auf dem Foto oben.

Dirk Ney
aus S.
MEIN TIPP

Dies ist mein liebstes Pausenbrot. Manchmal gebe ich noch frisch geraspelte Karotten zwischen den Salat und den Käse. Richtig lecker schmeckt das Brötchen auch mit sahnigem Frischkäse anstatt des Camemberts.

K Apfel-Karotten-Müsli

Zubereitungszeit: ca. ¼ Stunde
Quellzeit: über Nacht
(ca. 8 Stunden)
Für 1 Person
ca. 400 kcal pro Portion

Helga Barth
aus H.
MEIN TIPP

Dieses Müsli ist wunderbar bekömmlich. Daher ist es auch Leuten zu empfehlen, die ansonsten Müsli und andere ballaststoffreiche Speisen weniger gut vertragen.

3 EL Weizenschrot
1 EL Mandeln
100 g Joghurt, 3,5% Fett
1 kleine Karotte
½ mürber Apfel
1 El abgeriebene Schale einer
    unbehandelten Zitrone
1 TL Honig
1 EL Rosinen

1. Den Weizenschrot knapp mit Wasser bedecken und über Nacht zugedeckt quellen lassen.

2. Am nächsten Morgen die Mandeln in einer beschichteten Pfanne ohne Fett bräunen. Abkühlen lassen und grob hacken.

3. Den Weizenbrei mit dem Joghurt mischen und in eine kleine Schale füllen. Die Karotte waschen, schälen und fein raspeln. Den Apfel waschen, vierteln, vom Kerngehäuse befreien und grob raspeln.

4. Die Karotten- und Apfelraspel mit der Zitronenschale und dem Honig mischen.

5. Die Karotten-Apfel-Mischung auf dem Getreidebrei anrichten. Mit den gehackten Mandeln und den Rosinen bestreut servieren.

Auf dem Foto unten.

K Honigbrot

Zubereitungszeit: ca. 5 Minuten
Für 1 Person
ca. 230 kcal pro Portion

1 Scheibe Vollkornbrot
1 TL Butter
2 EL Quark, 20 % Fett i. Tr.
2 TL streichfähiger Honig

1. Das Brot mit der Butter bestreichen, dann den Quark gleichmäßig darauf verteilen.

2. Zum Schluss mit dem Honig beträufeln und diesen vorsichtig verstreichen.

3. Wer möchte, kann das Brot noch mit gehackten Pistazien bestreuen.

Auf dem Foto oben.

Rico Steiger
aus Z.

MEIN TIPP

Zugegeben, dieses Rezept ist sehr simpel. Aber meist sind die einfachsten Dinge die besten. Das gilt auch für dieses Honigbrot. Besonders mit Orangenblütenhonig ist es ein Gedicht.

K Süßer Hirsebrei mit Heidelbeeren

Zubereitungszeit: ca. ¼ Stunde
Für 1 Person
ca. 420 kcal pro Portion

Jutta Große-Beckmann aus M./L.

MEIN TIPP

Bei Ahornsirup scheiden sich die Geister. In der Tat ist sein strenger, würziger Geschmack nicht jedermanns Fall. Feinschmecker behaupten jedoch, dass er durch nichts zu ersetzen sei.

100 ml Wasser
50 ml süße Sahne
2 ½ EL fein gemahlene Hirse
½ EL Honig
100 g Heidelbeeren
1 EL Ahornsirup
½ EL abgeriebene Schale einer
*   unbehandelten Zitrone*
einige Minzeblättchen

1. Das Wasser zusammen mit der süßen Sahne in einem kleinen Topf erwärmen.

2. Die fein gemahlene Hirse unter Rühren hineinstreuen, aufkochen lassen und so lange rühren, bis ein Brei entsteht.

3. Anschließend den Topf vom Herd nehmen. Den Hirsebrei mit dem Honig süßen und unter gelegentlichem Umrühren erkalten lassen.

4. Die Heidelbeeren verlesen, waschen, abtropfen lassen, mit dem Ahornsirup süßen. Die Zitronenschale unterrühren.

5. Den Hirsebrei in 1 Dessertschälchen füllen und die Heidelbeeren darauf verteilen.

6. Die Minzeblättchen waschen, trockenschütteln und den Hirsebrei damit garnieren.

Auf dem Foto unten.

K Pflaumencreme

Zubereitungszeit: ca. 10 Minuten
Quellzeit: ca. 4 Stunden
Für 1 Person
ca. 290 kcal pro Portion

40 g entsteinte Trocken-
   pflaumen
40 g Doppelrahmfrischkäse
1/2 EL Sonnenblumenkerne
1/2 EL abgeriebene Schale
   einer unbehandelten Zitrone

1. Die Trockenpflaumen 4 Stunden in Wasser einweichen.
Danach mit einem Schneid-
stab pürieren.

2. Das Pflaumenmus mit
dem Doppelrahmfrischkäse
mischen.

3. Zum Schluss die Sonnenblumenkerne und die Zitronenschale hinzufügen. Alles
gut miteinander verrühren
und gekühlt servieren.

Auf dem Foto oben.

Manuela Schenk
aus H.
MEIN TIPP

Diese Pflaumencreme darf bei
keinem Brunch fehlen. Besonders auf frischem Baguette
oder zu selbst gebackenen
Brioches schmeckt sie einfach
köstlich.

K Dinkelmüsli mit Zwetschgen und Bananen

Zubereitungszeit: ca. 10 Minuten
Quellzeit: über Nacht
(ca. 8 Stunden)
Für 1 Person
ca. 240 kcal pro Person

Roswitha Vogel
aus E.
MEIN TIPP

Das Dinkelschrot eignet
sich auch hervorragend zum
Backen. Mit Dinkel- und
Roggenvollkornmehl lässt
sich daraus ein herzhaftes
Sauerteigbrot herstellen.

40 g Dinkelschrot
5 EL Joghurt, 3,5 % Fett
1 kleine Banane
4 getrocknete Zwetschgen
1 EL Mandelstifte
einige Minzeblättchen

1. Den Dinkelschrot mit 6 Esslöffeln kaltem Wasser anrühren
und zugedeckt im Kühlschrank
über Nacht quellen lassen.

2. Am nächsten Morgen den
Joghurt unter den gequollenen
Dinkel rühren.

3. Die Banane schälen, längs
halbieren und in Scheiben
schneiden. Die Zwetschgen in
kleine Stücke schneiden.

4. Die Banane, die Zwetschgen
und die Mandelstifte unter das
Dinkelmüsli mischen.

5. Mit den Minzeblättchen de-
koriert servieren.

Auf dem Foto unten.

K Sonnenblumen-Heidelbeer-Müsli

Zubereitungszeit: ca. 10 Minuten
Für 1 Person
ca. 690 kcal pro Portion

4 EL Vollkornhaferflocken
3 EL Sonnenblumenkerne
250 g Kefir
100 g Heidelbeeren
2 EL Sultaninen

1. Die Haferflocken und die Sonnenblumenkerne zusammen mit dem Kefir verrühren und 5 Minuten quellen lassen.

2. In der Zwischenzeit die Heidelbeeren verlesen und waschen. Dann die Sultaninen und die Hälfte der Heidelbeeren ebenfalls unter den Kefir mischen.

3. Die restlichen Heidelbeeren über das Müsli streuen und servieren.

Auf dem Foto oben.

Sigrid Widmann
aus E.
MEIN TIPP

Kefir kann man selbst herstellen: Dazu füllt man Vollmilch (Zimmertemperatur) in ein Glas mit Schraubverschluss und impft sie dann mit dem Kefirpilz (Reformhaus). Fest verschlossen 24 Stunden stehen lassen.

K Nussjoghurt

Zubereitungszeit: ca. ¼ Stunde
Für 1 Person
ca. 550 kcal pro Portion

1½ EL gehackte Mandeln
40 ml süße Sahne
2 EL Ahornsirup
150 g Joghurt, 3,5 % Fett
1 TL Mandelblättchen

1. Die gehackten Mandeln in einer Pfanne ohne Fett kurz rösten. Die Sahne angießen, aufkochen lassen und die Pfanne vom Herd nehmen.

2. Die Masse mit dem Ahornsirup süßen, auskühlen lassen und dann den Joghurt unterrühren.

3. Mit den Mandelblättchen bestreut servieren.

Auf dem Foto unten.

Ingrid Schmelzeisen
aus H.
MEIN TIPP

Ganze, ungeschälte Mandeln werden so vorbereitet: wenige Minuten in kochendes Wasser legen, bis sich die Schale ganz einfach ablösen lässt. Nun die Mandeln zum Beispiel mit dem Hackaufsatz eines Mixstabes zerkleinern.

K Frischkäsebrot mit Bananenscheiben

Zubereitungszeit: ca. 10 Minuten
Für 1 Person
ca. 440 kcal pro Portion

1 Scheibe Vollkornbrot
1 EL Butter
40 g sahniger Frischkäse
1/2 Banane
1 TL gehackte Mandeln
2 Minzeblättchen

1. Das Brot toasten und mit der Butter bestreichen. Anschließend den Frischkäse gleichmäßig auf dem Brot verteilen.

2. Die Banane schälen, in dünne Scheiben schneiden und diese schräg aufeinander geschichtet auf den Frischkäse legen.

3. Die gehackten Mandeln darüber streuen. Mit den Minzeblättchen garniert servieren.

Auf dem Foto oben.

Andrea Nägele
aus L.
MEIN TIPP

Am besten schmeckt das Brot, wenn die Bananen vollreif sind (braune Pünktchen auf der Schale).

N Gesalzene Nussmischung

Zubereitungszeit: ca. 10 Minuten
Für 10 Portionen
ca. 260 kcal pro Portion

Adela López
Espinosa aus D.
MEIN TIPP

Geschälte Nüsse halten sich besser, wenn man sie fest verschlossen an einem kalten, dunklen und trockenen Ort aufbewahrt. Oder im Tiefkühlfach lagern.

80 g Sonnenblumenkerne
80 g Kürbiskerne
120 g ganze Haselnüsse
120 g geschälte Mandeln
etwas Meersalz
80 g ungeschwefelte Rosinen

1. Die Sonnenblumenkerne, die Kürbiskerne, die Haselnüsse und die Mandeln in einer beschichteten Pfanne ohne Fett unter Rühren 4 bis 5 Minuten rösten.

2. Anschließend die Nussmischung in eine Schüssel geben und leicht salzen.

3. Die Rosinen unter fließendem Wasser kurz waschen und trockentupfen. Zum Schluss unter die gesalzenen Nüsse mischen.

Auf dem Foto unten.

N Heidelbeer-Buttermilch-Shake

Zubereitungszeit: ca. 10 Minuten
Für 1 Person
ca. 170 kcal pro Portion

100 g frische Heidelbeeren
   (ersatzweise Tiefkühlkost)
2 TL Ahornsirup
2 EL zerstoßene Eiswürfel
200 ml Buttermilch
2 Minzeblättchen

1. Die Heidelbeeren verlesen, waschen und zusammen mit dem Ahornsirup, den Eiswürfeln und der gekühlten Buttermilch mit einem Schneidstab pürieren.

2. Den Buttermilchshake in ein großes Trinkglas gießen und mit den Minzeblättchen garnieren.

Auf dem Foto hinten.

Hildegard Carleo
aus H.
MEIN TIPP

An heißen Sommertagen ist dieser Shake eine herrliche Erfrischung. Ab und zu serviere ich das Getränk (auch ohne Eiswürfel) zu einem Brunch.

N Kerbel-Frischkäse-Creme

Zubereitungszeit: ca. ¼ Stunde
Kühlzeit: ca. 2 Stunden
Für 1 Portion
ca. 280 kcal pro Portion

Hildegard Herzer
aus K.
MEIN TIPP

Wenn ich keine frischen Kräuter zur Hand habe, nehme ich einen kleinen Teil (ca. 1 EL) einer tiefgekühlten fertigen Kräutermischung.

70 g Doppelrahmfrischkäse
1 EL Sahne
5 Radieschen
¼ Zwiebel
½ Knoblauchzehe
3 EL gemischte Kräuter (z. B. Kerbel, Petersilie, Schnittlauch)
Salz
etwas Rosenpaprika

1. Den Frischkäse mit der Sahne sorgfältig glatt rühren.

2. Die Radieschen waschen, die Zwiebel und den Knoblauch schälen, die Kräuter unter fließendem Wasser abspülen und trockenschütteln. Alles bis auf ein halbes Radieschen und ein Kerbelblättchen fein hacken und anschließend unter den Frischkäse mengen.

3. Die Kräutercreme mit Salz abschmecken und dann mit dem Paprikapulver bestäuben. Etwa 2 Stunden kühl stellen.

4. Vor dem Servieren die Kräutercreme mit einigen Radieschenscheiben und dem Kerbelblättchen garnieren.

Auf dem Foto vorne.

E Erdbeerfrühstück

Zubereitungszeit: ca. 10 Minuten
Zeit zum Durchziehen: ca. ½ Stunde
Für 1 Person
ca. 180 kcal pro Portion

250 g Erdbeeren
1 EL Ahornsirup
50 g Quark, 20% Fett i. Tr.
2 EL Mineralwasser

1. Die Früchte waschen, das Grün entfernen, halbieren und in eine Schale füllen. Mit dem Ahornsirup beträufeln und etwa ½ Stunde zum Saftziehen stehen lassen.

2. Den Quark mit dem Mineralwasser cremigrühren und über die Erdbeeren gießen.

3. Den Erdbeerquark nach Belieben mit Minzeblättchen, gerösteten Nüssen oder etwas Orangenschale garnieren.

Auf dem Foto oben.

Christel Schmid aus F.

MEIN TIPP

Mineralwasser macht den Quark schön cremig. Man kann jedoch auch etwas Orangensaft mit einem Schneebesen einrühren.

E Fruchtmüsli

Zubereitungszeit: ca. ¼ Stunde
Für 1 Person
ca. 310 kcal pro Portion

20 g Mandeln
125 g Obst nach der Saison
    (z. B. Orangen, Erdbeeren,
    Kirschen)
150 g Joghurt, 3,5% Fett
1 EL Ahornsirup

1. Die Mandeln mit kochendem Wasser überbrühen und die braune Haut abziehen. Die Kerne in kleine Stücke hacken.

2. Das Obst sorgfältig verlesen, waschen und klein schneiden.

3. Den Joghurt mit dem Ahornsirup verrühren und die Obststückchen unterheben.

4. Das Ganze in eine kleine Schüssel füllen und zum Schluss mit den gehackten Mandeln bestreuen.

Auf dem Foto unten.

Johanna Rendel aus H.

MEIN TIPP

Hier muss man aufpassen, nur Obst aus der gleichen Gruppe zu verwenden. Wenn es eine Eiweißmahlzeit sein soll, dürfen weder Bananen noch Datteln oder Feigen und auch keine süßen mürben Äpfel verwendet werden.

E Avocado-Buttermilch-Drink

Zubereitungszeit: ca. 10 Minuten
Für 1 Person
ca. 300 kcal pro Portion

1/2 kleine reife Avocado
1 EL Zitronensaft
250 ml Buttermilch
1 Msp. frisch geriebene
*   Muskatnuss*
1 TL fein gehackte Pistazien
1 Zweig Zitronenmelisse

1. Die Avocado schälen, das Fruchtfleisch grob würfeln und mit Zitronensaft beträufeln. Zusammen mit der Buttermilch in den Mixer geben und fein pürieren.

2. Den Avocado-Buttermilch-Mix (nach Belieben) durch ein Sieb in ein Glas seihen. Mit der Muskatnuss und den Pistazien bestreuen.

3. Mit Zironenmelisse garniert servieren.

Auf dem Foto hinten.

Carmina Segui
aus D.
MEIN TIPP

Beim Einkauf von Avocados prüfe ich mit leichtem Fingerdruck, ob die Frucht reif ist. Extrem weiche Früchte sind überreif. Die Schalenfarbe ist übrigens abhängig von der Sorte, nicht vom Reifegrad!

E Himbeermilchshake

Zubereitungszeit: ca. 10 Minuten
Für 1 Person
ca. 180 kcal pro Portion

Bettina Becher
aus M.
MEIN TIPP

Der Shake lässt sich mit Sahne noch verfeinern. Dazu nehme ich 200 ml Milch und 2 EL Sahne.
Das schmeckt einfach gigantisch!

60 g frische Himbeeren
200 ml Milch
1 TL Honig
1 TL Zitronensaft

Variation
Milch mit 1 EL Sanddornsaft und 1 TL Zitronensaft mixen. Kein Honig.

1. Die Himbeeren verlesen, waschen und in ein hohes Gefäß geben.

2. Die Milch dazugießen und mit dem Honig süßen. Zum Schluss den Zitronensaft hinzufügen.

3. Die Himbeermilch mit dem Schneidstab pürieren und in ein großes Glas füllen. Gekühlt servieren.

Auf dem Foto vorne.

K Pizza mit Pilzen

Zubereitungszeit: ca. 1 Stunde
Zeit zum Gehen: ca. ¾ Stunde
Für 2 Personen
ca. 330 kcal pro Portion

Für den Teig:
40 g Hefe
120 ml lauwarmes Wasser
200 g feines Dinkelvollkornmehl
1 TL kaltgepresstes Olivenöl
1 TL Meersalz
etwas Butter für die Form

Für den Belag:
250 g Austernpilze oder
    Champignons
1½ EL kaltgepresstes Olivenöl
½ TL Kräutersalz

Für die Kräuterbutter:
½ TL Oregano
½ TL Rosmarin
¼ TL Majoran
2 EL Butter
1 durchgepresste Knoblauchzehe

Außerdem:
100 g Mozzarella (italienischer
    Frischkäse)

1. Für den Teig die Hefe mit der Hälfte des warmen Wassers verrühren, 2 Esslöffel Mehl hinzufügen, vermischen und alles etwa ¼ Stunde an einem warmen Ort zugedeckt gehen lassen.

2. Das übrige Mehl in eine Schüssel geben und in die Mitte eine Mulde drücken. Das restliche Wasser, das Öl und den Vorteig hineingeben, salzen und alles zu einem glatten Teig verarbeiten. Nochmals zugedeckt an einem warmen Ort etwa ½ Stunde gehen lassen.

3. Den Teig auf eine vorgewärmte, eingefettete Pizzaform (26 Ø) geben und ihn von innen nach außen mit den Händen auseinander drücken. Den Backofen auf 200 °C vorheizen.

4. Für den Belag die Pilze putzen und in Scheiben schneiden. Das Öl in einer Pfanne erhitzen, die Pilze darin andünsten und mit dem Salz würzen.

5. Die Kräuter mit der Butter und dem durchgepressten Knoblauch vermischen und gleichmäßig auf dem Pizzateig verteilen. Die Pilze auf dem Teig verstreichen und mit dem in Scheiben geschnittenen Käse belegen.

6. Die Pizza im Ofen etwa 20 Minuten backen, bis der Käse schön verlaufen ist.

Uwe Hahlen
aus K.
MEIN TIPP

Beim Einkauf von Pilzen achte ich darauf, dass sie fest, aber saftig sind und keine feuchten Stellen aufweisen. Wenn ich die Pilze nicht gleich verwende, schlage ich sie in ein feuchtes Tuch und lege sie in den Kühlschrank. Dort bleiben die Pilze 3 bis 4 Tage frisch.

K Mariannes Lachstatar auf Toast

Zubereitungszeit: ca. 20 Minuten
Für 2 Personen
ca. 400 kcal pro Portion

1 Zwiebel
200 g gebeizter Lachs
1 Eigelb
4 Scheiben Vollkorntoast
2 EL Butter
1 kleiner Bund Dill

1. Die Zwiebel schälen und sehr fein hacken. Den Lachs in kleine Würfel schneiden und mit der Zwiebel und dem Eigelb vermischen.

2. Die Brotscheiben knusprig toasten, gleichmäßig mit der Butter bestreichen und mit dem Lachstatar belegen.

3. Den Dill kurz mit Wasser abbrausen und trockenschütteln. Zum Schluss die Toasts mit einigen Dillfähnchen garniert servieren.

Auf dem Foto oben.

Marianne Knopp
aus H.

MEIN TIPP

Zu diesem kleinen, aber feinen Gericht empfehle ich als Beilage einen Feldsalat oder einige Kirschtomaten.

K Zucchinigulasch

Zubereitungszeit: ca. 20 Minuten
Für 2 Personen
ca. 90 kcal pro Portion

Irene Rockenschaub
aus L.

MEIN TIPP

Zu dem Zucchinigulasch schmecken Petersilienkartoffeln. Anstelle der Zucchini kann man auch Kürbis verwenden.

1 Zwiebel
etwas Öl
3–4 kleine Zucchini
etwas Vollkornmehl
Salz
rotes Paprikapulver
1/2 Würfel Gemüsebrühe
2 EL saure Sahne

1. Die Zwiebel schälen, klein hacken und in heißem Öl glasig dünsten.

2. In der Zwischenzeit die Zucchini waschen, das Stielende abschneiden und in kleine Würfel schneiden. Dann mit dem Vollkornmehl bestäuben und etwas Wasser dazugießen.

3. Die Zucchiniwürfel zu den Zwiebeln geben. Mit Salz und Paprika würzen. Den Brühewürfel in der Mischung auflösen.

4. Die Zucchini bissfest garen. Kurz vor dem Servieren die saure Sahne einrühren.

Auf dem Foto unten.

K Pizzatoast

Zubereitungszeit: ca. 20 Minuten
Für 2 Personen
ca. 460 kcal pro Portion

1 Zwiebel
1 rote Paprikaschote
100 g Champignons
1 EL kaltgepresstes Olivenöl
½ TL Kräutersalz
½ TL Oregano
4 Scheiben Vollkornbrot
100 g Wörishofener Schnittkäse,
    60% Fett i. Tr.

1. Die Zwiebel schälen und in dünne Ringe schneiden. Die Paprikaschote waschen, putzen und in feine Streifen schneiden. Die Champignons putzen, waschen und in Würfel schneiden.

2. Das Öl in einer Pfanne erhitzen und das Gemüse darin andünsten. Mit Salz und Oregano abschmecken.

3. Inzwischen die Brote im Toaster rösten und dann das Gemüse darauf verteilen. Den Käse in Streifen schneiden und die Brote damit belegen.

4. Die Brote im vorgeheizten Backofen bei 175 °C etwa 7 Minuten überbacken, bis der Käse geschmolzen ist.

Horst Scheller
aus B.
MEIN TIPP

Kaltgepresstes Olivenöl findet man im Handel unter der Bezeichnung „Natives Olivenöl extra", es ist das qualitativ hochwertigste Olivenöl.

N Zucchinisuppe

Zubereitungszeit: ca. 25 Minuten
Für 2 Personen
ca. 230 kcal pro Portion

Maria Manuela
Alvarez Perez
aus D.
MEIN TIPP

Diese Zucchinisuppe ist in unserer Familie sehr beliebt. Besonders wenn ich sie noch mit Croûtons aus geröstetem Weißbrot verfeinere. Allerdings gehört die Suppe dann in die Kohlenhydratgruppe.

1 Zwiebel
400 g Zucchini
2 EL Butter
400 ml vegetarische
    Gemüsebrühe (Instantpulver)
1–2 Knoblauchzehen
4 EL saure Sahne
½ TL frisch geriebene
    Muskatnuss
2 EL gehackte Petersilie

1. Die Zwiebel schälen und fein würfeln. Dann die Zucchini putzen und in Scheiben schneiden.

2. Die Butter in einem Topf zerlassen und die Zwiebelwürfel darin glasig dünsten. Anschließend die Zucchinischeiben hinzufügen, kurz mitbraten.

3. Die Gemüsebrühe angießen und die Suppe 12 bis 15 Minuten zugedeckt köcheln lassen. Anschließend den Knoblauch durch eine Presse dazudrücken und die Suppe nach Belieben mit dem Schneidstab pürieren.

4. Die saure Sahne unter die Suppe rühren und mit der frisch geriebenen Muskatnuss abschmecken.

5. Mit der gehackten Petersilie bestreut servieren.

Auf dem Foto unten.

E Rindfleischsalat

Zubereitungszeit: ca. 20 Minuten
Für 2 Personen
ca. 330 kcal pro Portion

Für den Salat:
1 Rumpsteak (etwa 200 g)
1½ EL Sonnenblumenöl
1 rote Zwiebel
1 kleiner Bund Radieschen
1 kleine grüne Paprikaschote

Für das Dressing:
1 EL Balsamessig
1½ EL Sonnenblumenöl
1 TL Kräutersalz
100 ml Wasser
1 TL Paprikapulver (edelsüß)
2 EL gehackte Petersilie

Außerdem:
2 Fleischtomaten

1. Das Fleisch kurz waschen, trockentupfen und den Fettrand entfernen.
In einer Pfanne das Öl erhitzen und das Fleisch darin von jeder Seite etwa 5 bis 7 Minuten braten. Dann aus der Pfanne nehmen und abkühlen lassen.

2. Die Zwiebel schälen und in dünne Ringe hobeln. Die Radieschen putzen, waschen und in Scheiben schneiden. Die Paprikaschote putzen, waschen, entkernen und in sehr feine Würfel schneiden.

3. Das Fleisch in kleine Stückchen schneiden und mit den Zwiebelringen, den Radieschenscheiben und den Paprikawürfeln vermischen.

4. Aus dem Essig, dem Öl, dem Kräutersalz, dem Wasser und dem Paprikapulver ein Dressing anrühren. Über den Salat gießen und alles mischen. Zum Schluss den Salat mit der gehackten Petersilie bestreuen.

5. Die Tomaten in Spalten schneiden und zu dem Rindfleischsalat servieren.

Burckhard
Rützenhoff
aus W.

MEIN TIPP

Balsamessig oder Aceto balsamico wird aus dem Most der italienischen Trebbiano-Trauben hergestellt. Er muss mehrere Jahre in Eichenfässern lagern. Dadurch bekommt er sein unvergleichliches Aroma. Weil Balsamessig vergleichsweise mild ist, gehört er zu den wenigen Essigsorten, die in der Trennkost (in kleinen Mengen) zu Eiweißgerichten erlaubt sind.

E Garnelen-Tapas

Zubereitungszeit: ca. ¼ Stunde
Für 12 Stück
ca. 80 kcal pro Portion

Michael Mägdefessel
aus W.

MEIN TIPP

Tapas (span. „Deckel") sind kleine kulinarische Köstlichkeiten, die mit einem Zahnstocher, mit den Fingern oder einer speziellen kleinen Gabel gegessen werden.

2 reife Avocados
2 EL Limettensaft
1 TL Meersalz
½ TL Chilipulver
1–2 Knoblauchzehen
6 kleine Tomaten
12 gekochte große Garnelen
einige Stängel glatte Petersilie

1. Die Avocados halbieren, die Steine entfernen und das Fruchtfleisch mit einem Löffel herausschaben. Mit einer Gabel verkneten und mit dem Limettensaft, dem Salz und dem Chilipulver würzen. Dann die Knoblauchzehen dazupressen.

2. Die Tomaten halbieren, mit einem Löffel die Kerne herausschaben und die Avocadocreme in die Tomatenhälften füllen.

3. Von den Garnelen den schwarzen Darm entfernen. Die Petersilie waschen und trockenschütteln. Die Tomatenhälften damit garnieren und auf jede Tomatenhälfte eine Garnele legen.

Auf dem Foto oben.

E Brunchterrine

Zubereitungszeit: ca. ½ Stunde
Kühlzeit: ca. 3 Stunden
Für 2 Personen
ca. 290 kcal pro Portion

½ Bund Brunnenkresse
10 Radieschen
1 Schalotte

Waltraud Engbarth
aus G.

MEIN TIPP

Die Terrine passt zu Eiern, Fleisch und Fisch. Besonders zu empfehlen sind gekochte Eier, Steaks oder gedünsteter Fisch. Aber auch ein großer Teller mit Blattsalaten oder gedämpftes Gemüse sind ideale „Beilagen".

150 g Doppelrahmfrischkäse
etwas Zitronensaft
Salz
weißer Pfeffer
1 Msp. Muskatnuss
1 Blatt Gelatine
2 EL Milch

1. Die Brunnenkresse und die Radieschen putzen, waschen und gut abtropfen lassen.

2. Die Schalotte abziehen. Die Brunnenkresse und die Schalotte fein hacken. Die Hälfte der Radieschen in feine Stifte, die andere Hälfte in Scheiben schneiden.

3. Alles, bis auf die Radieschenscheiben, mit dem Frischkäse verrühren. Mit Zitronensaft, Salz, Pfeffer und Muskatnuss abschmecken.

4. Die Gelatine nach Packungsanweisung einweichen und ausdrücken. Die Milch erhitzen, die Gelatine darin auflösen und unter die Masse ziehen.

5. Eine kleine Auflaufform mit Klarsichtfolie auskleiden und mit den Radieschenscheiben auslegen. Die Masse einfüllen, glatt streichen und im Kühlschrank mindestens 3 Stunden kalt stellen.

6. Die Terrine auf eine Platte stürzen, die Folie abziehen und nach Wunsch mit Kresse garniert servieren.

Auf dem Foto unten.

N Sprossensalat

Zubereitungszeit: ca. ¼ Stunde
Für 2 Personen
ca. 350 kcal pro Portion

400 g frische Mungosprossen
200 g Crème fraîche
2 TL Obstessig
6 EL Mineralwasser
2 TL Kräutersalz
10 Kirschtomaten

1. Für den Salat die Sprossen und die Kirschtomaten sorgfältig waschen und abtropfen lassen. Anschließend die Tomaten halbieren.

2. Für die Salatsauce die Crème fraîche mit dem Obstessig und dem Mineralwasser verrühren. Das Ganze mit dem Kräutersalz abschmecken.

3. Die Sauce über die Sprossen gießen und mit den Kirschtomaten garnieren.

Auf dem Foto oben.

Christina Vidal
aus T.
MEIN TIPP

Mungosprossen sind die Keimlinge von Mungobohnen. Man bekommt sie heute fertig vorgezogen im Supermarkt oder Gemüsehandel.

K Romanasalat mit Knoblauchcroûtons

Zubereitungszeit: ca. ¼ Stunde
Für 2 Personen
ca. 310 kcal pro Portion

Peppino Carleo
aus S.
MEIN TIPP

Romanasalat hat einen dichten länglichen Kopf mit dunkelgrünen Blättern. Lose in ein feuchtes Küchentuch geschlagen, hält sich dieser Salat im Kühlschrank 3 bis 5 Tage.

Für den Salat:
2 Scheiben Vollkorntoast
2 EL Butter
1 Knoblauchzehe
1 Romanasalat (Römischer Salat)

Für das Dressing:
2 TL Obstessig
120 ml Wasser
5 EL süße Sahne
1 TL Kräutersalz
1 EL kaltgepresstes Olivenöl
2 EL gehackte Petersilie

1. Für die Croûtons zuerst von den Toastbrotscheiben die Rinde abschneiden und anschließend das Brot in kleine Würfel schneiden.

2. Die Butter in einer Pfanne zerlassen und die Brotwürfel darin goldbraun rösten. Den Knoblauch schälen und durch eine Presse dazudrücken.

3. Den Salat putzen, waschen, trockenschleudern und in mundgerechte Stücke teilen.

4. Aus dem Obstessig, dem Wasser, der Sahne, dem Kräutersalz und dem Öl eine Sauce rühren. Die gehackte Petersilie untermischen.

5. Die Sauce über den Salat gießen und mit den Croûtons bestreuen.

Auf dem Foto unten.

N Eisbergsalat

Zubereitungszeit: ca. 10 Minuten
Für 2 Personen
ca. 130 kcal pro Portion

1 Eisbergsalat
2 EL Obstessig
100 ml Wasser
5 EL saure Sahne
1 EL kaltgepresstes
   Sonnenblumenöl
1 TL Meersalz
1 kleine gehackte Zwiebel
2 EL Schnittlauchröllchen

1. Von dem Eisbergsalat die äußeren Blätter entfernen, dann den Salat waschen, gut abtropfen lassen und in mundgerechte Stücke zupfen.

2. Für die Sauce den Obstessig mit dem Wasser, der Sahne, dem Öl, dem Kräutersalz und den gehackten Zwiebeln vermischen.

3. Die Sauce über den Eisbergsalat gießen und alles mit den Schnittlauchröllchen bestreuen.

Auf dem Foto oben.

Heike Jakob
aus O.
MEIN TIPP

Eine raffinierte Note bekommt dieser Blattsalat mit Himbeeressig. Wer es lieber pikant mag, greift zum Apfelessig und verwendet Kräutersalz.

E Apfel-Sellerie-Salat

Zubereitungszeit: ca. ¾ Stunde
Für 2 Personen
ca. 270 kcal pro Portion

Helga Liepold
aus I.
MEIN TIPP

Diesen fruchtigen Salat esse ich sehr gerne zusammen mit Geflügelwürstchen oder mit hart gekochten Eiern.

Für den Salat:
1 Sellerieknolle (ca. 300 g)
3 saftige Äpfel
1 EL Zitronensaft

Für die Sauce:
175 g Sahnedickmilch
1 EL Zitronensaft
1 TL Apfeldicksaft
½ TL Meersalz
1 kleiner Bund glatte Petersilie
1 TL Paprikapulver (edelsüß)

1. Die Sellerieknolle waschen und ungeschält in reichlich kochendem Wasser 20 bis 25 Minuten garen. Danach abkühlen lassen, schälen und die Knolle in dünne Scheiben hobeln.

2. Die Äpfel waschen, vierteln, das Kerngehäuse herausschneiden und die Früchte ebenfalls in dünne Scheiben schneiden. Sofort mit dem Zitronensaft beträufeln.

3. Für die Sauce die Sahnedickmilch mit dem Zitronensaft, dem Apfeldicksaft und dem Salz verrühren. Die Petersilie waschen, hacken und unterrühren.

4. Die Sellerie- und Apfelscheiben mit der Sauce mischen. Mit dem Paprikapulver bestäuben.

Auf dem Foto unten.

Zubereitungszeit: ca. ¼ Stunde
Für 2 Personen
ca. 120 kcal pro Portion

200 g Feldsalat
1 Zwiebel
3 EL süße Sahne
2 TL kaltgepresstes
*   Traubenkernöl*
2 TL Obstessig
80 ml Wasser
1 TL Meersalz
8 Kirschtomaten

1. Den Feldsalat gründlich verlesen und waschen. Ihn anschließend auf einer Platte anrichten.

2. Die Zwiebel schälen und sehr fein hacken. Die Sahne mit dem Öl, dem Obstessig, dem Wasser und dem Salz gut vermischen. Die Zwiebelwürfel dazugeben, mischen und alles über den Salat gießen.

3. Das Ganze mit den gewaschenen, halbierten Kirschtomaten garnieren.

Auf dem Foto oben.

Susanne Semjeuski
aus M.
MEIN TIPP

Feldsalat (Ackersalat, Rapunzel) ist besonders knackig, wenn man ihn vor dem Anmachen kurz in eiskaltes Wasser legt. Danach trockentupfen.

N **Gurkensalat**

Zubereitungszeit: ca. ¼ Stunde
Für 2 Personen
ca. 40 kcal pro Portion

Brigitte Schmidt
aus S.
MEIN TIPP

Dieser erfrischende Salat gehört zu jeder Sommerparty. Er passt wunderbar zu gegrilltem Fleisch oder zu Kartoffelgerichten.

1 große Salatgurke
etwas Meersalz
1½ EL Apfelessig
150 ml Wasser
1 TL Kräutersalz
1 TL Apfeldicksaft
1 Bund Dill

1. Die Gurke schälen, der Länge nach halbieren und die Kerne mit einem Löffel herausschaben. Anschließend das Fruchtfleisch fein hobeln, salzen und beiseite stellen.

2. Für die Sauce den Apfelessig mit dem Wasser verdünnen. Den Dill waschen, hacken und zusammen mit dem Kräutersalz und dem Apfeldicksaft unter die Sauce rühren. Einige Dillzweige zum Garnieren übrig lassen.

3. Die Gurkenraspel in ein Sieb geben und das überschüssige Wasser ausdrücken. Sie dann unter die Sauce heben.

4. Zum Schluss den Gurkensalat mit den restlichen Dillfähnchen garnieren und frisch servieren.

Auf dem Foto unten.

N Rubens Grillpaprika

Zubereitungszeit: ca. 20 Minuten
Für 2 Personen
ca. 260 kcal pro Portion

2 rote Paprikaschoten
2 grüne Paprikaschoten
3–4 Knoblauchzehen
3 EL kaltgepresstes Olivenöl
1 TL Meersalz

1. Die Paprikaschoten waschen, halbieren, entkernen und in Spalten schneiden. Die Knoblauchzehen abziehen und in feine Scheiben schneiden.

2. Die Paprikaspalten in eine Grillpfanne legen. Mit dem Öl beträufeln, leicht salzen und die Knoblauchscheibchen darüber streuen.

3. Im offenen Tischgrill bei starker Hitze etwa 10 Minuten schmoren lassen. Dabei gelegentlich wenden.

Auf dem Foto oben.

Ruben Castillo Muñoz aus D.

MEIN TIPP

Wer keinen Grill besitzt, kann das Paprikagemüse auch im vorgeheizten Backofen bei 200 °C backen.

N Feines Lauchgemüse

Zubereitungszeit: ca. 25 Minuten
Für 2 Personen
ca. 220 kcal pro Portion

Frieda Körner aus D.

MEIN TIPP

Dieses Lauchgemüse ist eine vorzügliche Beilage zu gegrilltem Fleisch oder Fisch sowie zu Kartoffeln. Übrigens, der lange weiße Schaft von Frühlauch schmeckt in dünne Scheiben geschnitten sehr gut als Rohkostsalat.

2 Stangen Lauch (ca. 600 g)
1 1/2 EL Butter
100 ml vegetarische
   Gemüsebrühe (Instantpulver)
4 EL süße Sahne
1 kleiner Bund Schnittlauch

1. Vom Lauch die äußeren Blätter ablösen, die trockenen Blattspitzen und die Wurzelverdickung abschneiden. Den Lauch der Länge nach halbieren, gründlich putzen und waschen. Ihn dann in feine Streifen schneiden.

2. Die Butter in einem Topf zerlassen und die Lauchstreifen darin bei milder Hitze andünsten.

3. Die Gemüsebrühe zugießen und dann alles zugedeckt 12 bis 15 Minuten leicht köcheln lassen. Dann die Sahne unterrühren.

4. Den Schnittlauch waschen und in Röllchen schneiden, über das Gemüse streuen.

Auf dem Foto unten.

N Knoblauchsauce

Zubereitungszeit: ca. 10 Minuten
Für 2 Personen
ca. 270 kcal pro Portion

100 g saure Sahne
150 g Naturjoghurt, 3,5% Fett
50 g süße Sahne
2–3 Knoblauchzehen
1/2 TL Kräutersalz
1/2 TL Rosenpaprika
Dill nach Belieben

1. Die saure Sahne mit dem Joghurt und der süßen Sahne cremigrühren.

2. Die Knoblauchzehen schälen und halbieren. In einer Knoblauchpresse ausdrücken oder mit einem scharfen Messer feinhacken.

3. Die Sauce mit dem Kräutersalz und dem Knoblauch kräftig abschmecken. Mit dem Rosenpaprika bestäuben.

4. Die Knoblauchsauce eventuell mit ein paar Dillfähnchen garnieren.

Auf dem Foto oben.

Martina Ostgathe aus W.
MEINE TIPPS

Diese Knoblauchsauce schmeckt hervorragend als Dip für Rohkost. Sie passt aber auch sehr gut zu gebratenem Fisch oder Fleisch.

Beim Einkauf von Kapern achte ich darauf, dass die Einlegflüssigkeit klar ist und nur wenig oder kein Bodensatz vorhanden ist.
Kapernsauce wird traditionell zu Lamm oder Fischgerichten gereicht.

E Kapernsauce

Zubereitungszeit: ca. 5 Minuten
Für 2 Personen
ca. 70 pro Portion

50 g Kapern (aus dem Glas)
1 EL kaltgepresstes Olivenöl
1 EL Zitronensaft
1 EL Wasser
2 Zitronenachtel

1. Die salzige Einlegflüssigkeit der Kapern durch ein Sieb abgießen und in einer Schüssel auffangen.

2. Die Kapern mit 25 ml der Einlegflüssigkeit, dem Öl und dem Zitronensaft vermischen. Dann mit etwas Wasser verdünnen.

3. Zum Schluss die Kapernsauce mit den Zitronenachteln garnieren.

Auf dem Foto unten.

K Kartoffel-Kürbis-Gratin

Zubereitungszeit: ca. 1¼ Stunden
Für 2 Personen
ca. 720 kcal pro Portion

500 g Kartoffeln (mehlig
  kochend)
500 g Feigenkürbis
1 Becher Sahne
etwas Kräuterwürze (aus dem
  Reformhaus)
150 g Butterkäse,
  ca. 60 % Fett i. Tr.

1. Die Kartoffeln und den Kürbis mit dem Gurkenhobel in feine Scheiben hobeln. Beides mischen und in eine gefettete Auflaufform geben.

2. Die Sahne mit 250 ml Wasser verrühren und nach Geschmack mit der Kräuterwürze würzen, dann über die Kartoffel-Kürbis-Mischung gießen.

3. Den Käse in Streifen schneiden und die Kartoffel-Kürbis-Mischung damit belegen.

4. Das Gratin mit Alufolie abdecken und im vorgeheizten Backofen bei 200 °C etwa 60 Minuten backen. 10 Minuten vor Ende der Backzeit die Alufolie entfernen.

Auf dem Foto oben.

Brigitte Alexander
aus W.
MEIN TIPP

Zu dem Gratin serviere ich einen Zucchinisalat aus gelben Zucchini. Dazu 2 Zucchini grob raspeln, salzen, 15 Minuten ziehen lassen. 1 kleine Zwiebel würfeln, dazugeben. Mit Pfeffer und Obstessig abschmecken, 1 TL Mayonnaise und etwas Dill untermischen.

K Gefüllte Champignons

Zubereitungszeit: ca. 35 Minuten
Für 2 Personen
ca. 360 kcal pro Portion

Erika Flecken
aus S.
MEIN TIPP

Zu den gefüllten Champignons empfehle ich Kartoffelpüree oder frisches Baguette.

10 frische Champignons (200 g)
2 Zwiebeln
Salz
Pfeffer
Currypulver
150 ml vegetarische Gemüse-
  brühe (Instantpulver)
150 g Kräuter-Frischkäse
1 EL Semmelmehl
50 g Wörishofener Käse,
  60 % Fett i. Tr.
1 EL gehackte Petersilie

1. Die Champignons putzen und die Stiele herausdrehen. Von den Stielen das untere Ende abschneiden und sie dann fein hacken.

2. Die Zwiebeln klein hacken und in einer Pfanne ohne Fett zusammen mit den gehackten Champignons kurz rösten.

Mit Salz, Pfeffer und etwas Currypulver abschmecken.

3. Die Gemüsebrühe mit der Zwiebel-Pilz-Mischung vermengen und in eine große Auflaufform gießen.

4. Den Frischkäse in die Champignonköpfe füllen und diese in die Auflaufform setzen. Mit dem Semmelmehl und dem Käse bestreuen.

5. Das Ganze bei 225 °C etwa 45 Minuten überbacken, bis der Käse goldbraun ist. Mit der Petersilie bestreut servieren.

Auf dem Foto unten.

K Frischer Spinat mit Bratkartoffeln

Zubereitungszeit: ca. 1 Stunde
Für 2 Personen
ca. 540 kcal pro Portion

Für die Kartoffeln:

400 g Kartoffeln (mehlig
  kochend)
2 EL Keimöl

Für den Spinat:

1 kg frischer Spinat
1 Vollkornbrötchen (in Wasser
  eingeweicht)
1 kleine Zwiebel
3 EL Butter
1 EL Vollkornmehl
6–7 EL Wasser
Meersalz
schwarzer Pfeffer
1 Msp. Muskat

1. Die Kartoffeln schälen, in Würfel schneiden und in Wasser legen. Das Keimöl in einer beschichteten Pfanne erhitzen.

2. Die Kartoffeln abgießen, in die Pfanne geben und etwa 20 Minuten zugedeckt auf kleiner Stufe ziehen lassen. Danach die Kartoffeln vorsichtig vom Boden lösen und wenden.

3. In der Zwischenzeit den Spinat verlesen und waschen. Die Stiele abschneiden. Die Blätter in kochendem Wasser etwa 3 Minuten garen, in ein Sieb gießen, kurz mit kaltem Wasser abschrecken. Die Blätter gut ausdrücken und dann durch den Fleischwolf drehen.

4. Das ausgedrückte Vollkornbrötchen und die Zwiebel ebenfalls durch den Fleischwolf drehen.

5. Die Butter in einem Topf zerlassen, das Mehl darin kurz anschwitzen. Mit Wasser auffüllen. Dann die Spinatmasse unterheben. Mit Meersalz, Pfeffer und Muskat abschmecken, unter Rühren aufkochen lassen.

6. Den Spinat zusammen mit den warmen Bratkartoffeln servieren.

Johanna Ruths
aus W.
MEIN TIPP

Die Spinatfüllung kann man auch für Maultaschen verwenden. Dann gehört noch Knoblauch dazu!
Formen Sie mit Hilfe zweier Esslöffel aus dem Spinat Nocken (s. Foto).

N Gebackene Zucchini

Zubereitungszeit: ca. 20 Minuten
Für 2 Personen
ca. 320 kcal pro Portion

2 Zwiebeln
4 EL Olivenöl
800 g Zucchini
1 Knoblauchzehe
1 TL Gemüsebrühe
  (Instantpulver)
einige Blättchen Basilikum

1. Die Zwiebeln fein würfeln und in dem Öl glasig dünsten. Die Zucchini putzen, in dünne Scheiben schneiden und zu den Zwiebeln geben.

2. Das Ganze 3 bis 4 Minuten anbraten, etwas Wasser dazugeben und unter Rühren etwa 4 Minuten köcheln lassen.

3. Mit dem durchgepressten Knoblauch und der Gemüsebrühe würzen. Mit den Basilikumblättchen bestreuen und servieren.

Auf dem Foto oben.

Gabriele Philipps
aus D.
MEIN TIPP

Reis passt als Beilage gut zu diesem Gericht. Dann zählt die Mahlzeit aber zu den Kohlenhydraten.
Übrigens, Zucchini sollten nicht geschält werden, da das meiste Aroma unter der Schale steckt.

K Pikant gefüllte Ofenkartoffeln

Zubereitungszeit: ca. 50 Minuten
Für 2 Personen
ca. 680 kcal pro Portion

Hilo Adam
aus F.
MEIN TIPP

Servieren Sie zu den Ofenkartoffeln einen Gurkensalat. Für dieses Gericht eignen sich „vorwiegend festkochende" Kartoffelsorten.

2 dicke Kartoffeln (à 250 g)
1 TL Meersalz
100 g Edelschimmelkäse,
  60% Fett i. Tr.
  (z. B. Gorgonzola)
125 g Crème fraîche
1 Msp. Kräutersalz
1 Msp. frisch geriebene
  Muskatnuss
2 EL Butterflöckchen

1. Die Kartoffeln sauber bürsten und in leicht gesalzenem Wasser fast weich kochen.

2. Anschließend auskühlen lassen und waagrecht einen Deckel abschneiden. Die Kartoffeln so aushöhlen, dass noch ein Rand von etwa 1½ Zentimetern bleibt.

3. Das Kartoffelinnere mit einer Gabel zerdrücken und den zerbröckelten Käse und die Crème fraîche darunter mischen. Den Backofen auf 200 °C vorheizen.

4. Das Käsepüree mit dem Salz und der frisch geriebenen Muskatnuss würzen und in die Kartoffeln füllen.

5. Mit Butterflöckchen belegen und etwa 20 Minuten auf der mittleren Schiene überbacken.

Auf dem Foto unten.

K Sahnehering mit Pellkartoffeln

Zubereitungszeit: ca. 1½ Stunden
Zeit zum Wässern: ca. 12 Stunden
Zeit zum Durchziehen:
ca. 24 Stunden
Für 2 Personen
ca. 450 kcal pro Portion

Für die Heringe:
4 Salzheringe
1–2 rote Zwiebeln
1–2 mürbe Äpfel
80 ml süße Sahne
220 ml Wasser
½ Lorbeerblatt
2–3 Wacholderbeeren
½ Bund fein gehackter Dill
100 g saure Sahne

Außerdem:
500 g kleine Kartoffeln
½ TL Salz

1. Die Salzheringe mindestens 12 Stunden in kaltem Wasser wässern, dann sorgfältig putzen, filetieren und die Gräten entfernen.

2. Für die Sauce die Zwiebeln schälen und in dünne Ringe schneiden. Die Äpfel ebenfalls schälen, vierteln, das Kerngehäuse herausschneiden und die Früchte in dünne Spalten schneiden.

3. Die Sahne mit dem Wasser vermischen. Das Lorbeerblatt, die Wacholderbeeren, den Dill, die Zwiebelringe und die Apfelspalten hinzufügen. Die Heringfilets zwischen die Apfelspalten und die Zwiebelringe legen und alles etwa 24 Stunden ziehen lassen.

4. Dann das Lorbeerblatt entfernen und die saure Sahne untermischen.

5. Die Kartoffeln mit der Schale unter fließendem Wasser abbürsten. Dann in einen Topf geben und so viel Wasser dazugießen, dass die Kartoffeln gerade bedeckt sind. Salz dazugeben. In etwa 25 Minuten gar kochen.

6. Die Kartoffeln abgießen und etwas ausdampfen lassen. Die Heringe mit den heißen Pellkartoffeln servieren.

Paula Janzen
aus H.
MEIN TIPP

Zum Filetieren das Messer auf einer Seite des Rückgrats flach an der Mittelgräte entlang führen und das Fleisch vom Kopf bis zum Schwanz von den Gräten schneiden. Den Fisch umdrehen und das zweite Filet auf die gleiche Weise wegschneiden.

K Gebackene Käsekartoffeln

Zubereitungszeit: ca. ³/₄ Stunde
Für 2 Personen
ca. 1120 kcal pro Portion

Für die Kartoffeln:

2 mehlig kochende Kartoffeln
   (à 200 g)
Meersalz
½ TL Kümmel
½ Gemüsezwiebel
1 Stange Lauch
½ rote Paprikaschote
½ gelbe Paprikaschote
3 EL Butter
1 TL Kräutersalz
1 Msp. Chilipulver
200 g Butterkäse,
   60% Fett i. Tr.

Für die Sauce:

200 ml Buttermilch
200 g Crème fraîche
½ TL Kräutersalz
1 Knoblauchzehe

1. Die Kartoffeln waschen und in leicht gesalzenem Wasser mit etwas Kümmel weich kochen. Anschließend abgießen und auskühlen lassen.

2. In der Zwischenzeit die Zwiebel schälen und fein hacken. Den Lauch putzen, waschen und in feine Ringe schneiden. Die Paprikaschoten halbieren, entkernen, waschen und in kleine Würfel schneiden.

3. Die Butter in einer Pfanne zerlassen und das Gemüse darin anbraten. Kräftig mit dem Salz und dem Chilipulver würzen. Den Backofen auf 200 °C vorheizen.

4. Die Kartoffeln der Länge nach halbieren und mit einem Teelöffel aushöhlen. Das gebratene Gemüse in die Kartoffeln füllen und mit dem Käse belegen. Anschließend auf ein Backblech setzen und im Backofen etwa 15 Minuten überbacken, bis der Käse geschmolzen ist.

5. Für die Sauce die Buttermilch mit der Crème fraîche und dem Kräutersalz verrühren und nach Belieben den Knoblauch dazupressen.

6. Die Kartoffeln zusammen mit der Sauce reichen.

Dorothea Bischof aus S.

MEINE TIPPS

Ich esse gerne einen Salat aus der neutralen Gruppe zu diesem Gericht, z. B. einen Feld- oder einen Eisbergsalat.

Da die Schärfe der verschiedenen Chilipulver von mild bis brennend variieren kann, empfiehlt es sich, stets nur geringe Mengen zuzugeben und evtl. nachzuwürzen.

K Brushetta-Brot

Zubereitungszeit: ca. ½ Stunde
Für 2 Personen
ca. 600 kcal pro Portion

250 g frische Champignons
1 rote Paprikaschote
1 grüne Paprikaschote
2 Knoblauchzehen
1 EL kaltgepresstes Olivenöl
1 TL gerebelter Oregano
1 kleines Vollkornbaguette
2 EL weiche Butter
2 Tomaten
100 g Mozzarella (italienischer
    Frischkäse)

1. Den Backofen auf 180 °C vorheizen. Die Champignons putzen, die Stiele herausdrehen. Von den Stielen das untere Ende abschneiden. Die Köpfe und die Stiele in Scheiben schneiden.

2. Die Paprikaschoten halbieren, waschen und würfeln. Mit dem durchgepressten Knoblauch, dem Öl und dem Oregano unter die Pilze mischen.

3. Das Baguette in Scheiben schneiden, mit der Butter bestreichen, dann die Gemüsemischung darauf verteilen. Den Mozzarella in Streifen schneiden. Die Brotscheiben damit belegen.

4. Die Brotscheiben etwa 10 Minuten überbacken. Mit den in Scheiben geschnittenen Tomaten servieren.

Auf dem Foto oben.

Almuth Ochs,
aus W.

MEIN TIPP

Anstatt des frischen Oregano kann man auch ½ TL des getrockneten Gewürzes verwenden.

K Bandnudeln mit Gemüse-Käse-Sauce

Zubereitungszeit: ca. ¾ Stunde
Für 2 Personen
ca. 1090 kcal pro Portion

Olinde Windecker
aus F.

MEIN TIPP

Zu diesen Bandnudeln mit Gemüse-Käse-Sauce passt sehr gut ein Salat aus Chinakohl, Feldsalat und geraspelter Salatgurke.

1 Stange Lauch
1 Zwiebel
1 EL Öl
200 ml Gemüsebrühe
    (Instantpulver)
150 g kleine Champignons
1 Prise Salz
250 g Vollkornnudeln
2 EL fein gemahlenes
    Weizenvollkornmehl
50 g süße Sahne
1 EL Butter
80 g Wörishofener Käse
    (60 % Fett i. Tr.)

1. Den Lauch putzen, waschen und in feine Ringe schneiden. Die Zwiebel fein hacken, dann in einer Pfanne mit heißem Öl glasig dünsten.

2. Den Lauch zugeben, die Gemüsebrühe angießen und alles etwa 4 Minuten garen.

3. Die Champignons putzen, waschen und in dünne Scheiben schneiden. Sie zu dem Lauch geben und etwa 2 bis 3 Minuten garen, dann salzen.

4. In der Zwischenzeit die Nudeln in reichlich Salzwasser bissfest kochen.

5. Aus dem Mehl, der Sahne und der Butter eine Mehlschwitze bereiten, den Käse unterrühren. Die Sauce mit dem Gemüse vermischen und zu den Nudeln servieren.

Auf dem Foto unten.

K Tagliatelle mit Basilikumsauce

Zubereitungszeit: ca. 35 Minuten

Für 2 Personen

ca. 1120 kcal pro Portion

1–2 Bund Basilikum
1–2 große Knoblauchzehen
1 EL Pinienkerne
1/2 EL gemahlene Haselnusskerne
Salz
Pfeffer
60 ml kaltgepresstes Olivenöl
100 g Edelschimmelkäse,
   60% Fett i. Tr. (z. B. Gorgonzola, Roquefort, Bavaria
   Blue)
250 g schmale Bandnudeln
   (z. B. Tagliatelle)
2 EL kalte Butterflöckchen

1. Das Basilikum verlesen, sorgfältig waschen, trockenschütteln und grob zerschneiden. Die Knoblauchzehen abziehen. Sie dann zusammen mit den Pinienkernen und dem Basilikum sehr fein hacken.

2. Alles in ein hohes Gefäß geben, die Haselnusskerne untermischen, mit Salz und Pfeffer pikant abschmecken. Dann abwechselnd das Olivenöl und den Käse in kleinen Mengen mit dem Quirl eines Handrührgerätes unterrühren, bis die Basilikumsauce schön cremig ist.

3. Die Nudeln in reichlich sprudelndem Salzwasser bissfest kochen, dann über einem Sieb abgießen. Dabei 1/4 Tasse Kochwasser auffangen. Die Nudeln in eine Schüssel füllen und sofort mit den kalten Butterflöckchen vermengen.

4. Zum Schluss das aufgefangene Kochwasser mit der Basilikumsauce verrühren. Die Nudeln auf zwei Tellern anrichten und die heiße Sauce darüber gießen. Das Ganze sofort servieren.

Kunibert Jung aus H.

MEINE TIPPS

Tagliatelle sind flache 6 mm breite Nudeln aus Hartweizen. Man kennt sie auch unter der Bezeichnung „Fettucine".

Zum Kochen der Pasta nimmt man für 1/2 Pfund Nudeln etwa 2 1/2 l (kochendes) Wasser und 1 EL Salz. Etwas Öl verhindert, dass die Nudeln zusammenkleben.

K Kartoffelsuppe mit Majoran

Zubereitungszeit: ca. 35 Minuten
Für 2 Personen
ca. 270 kcal pro Portion

200 g Kartoffeln
100 g Möhren
1 kleine Stange Lauch
1–2 EL Butter
1 Zweig frischer Majoran
600 ml vegetarische
   Gemüsebrühe (Instantpulver)
1–2 EL gehackte Petersilie
2 EL saure Sahne
1 TL Rosenpaprika

1. Die Kartoffeln und die Möhren schälen und beides in kleine Würfel schneiden.

2. Den Lauch längs halbieren, gründlich waschen und in feine Streifen schneiden.

3. Die Butter in einem Topf zerlassen und das Gemüse unter Rühren anbraten. Mit dem Majoran bestreuen und die Gemüsebrühe angießen. Die Suppe zugedeckt etwa 15 Minuten köcheln lassen.

4. Das Ganze nach Belieben mit dem Schneidstab pürieren und die gehackte Petersilie darüber streuen.

5. Die Suppe heiß servieren und pro Portion mit 1 Esslöffel saurer Sahne garnieren. Zum Schluss mit dem Rosenpaprika bestäuben.

Auf dem Foto oben.

Christine Adrian aus V.-W.

MEIN TIPP

Mit etwas Vollkornbaguette ist diese Suppe eine komplette Hauptmahlzeit.

K Kartoffel-Zucchini-Auflauf mit Tomatensalat

Zubereitungszeit: ca. 1 Stunde
Für 2 Personen
ca. 660 kcal pro Portion

250 g Pellkartoffeln vom Vortag
400 g Zucchini
Butter für die Form

Tatjana und Mario Jung aus S.

MEIN TIPP

Als Beilage zu diesem Kartoffel-Zucchini-Auflauf können wir einen bunten Blattsalat (z. B. Frisée, Feldsalat und Radiccio) mit Joghurtdressing empfehlen.

Salz, Pfeffer
1 Knoblauchzehe
250 ml süße Sahne
125 ml vegetarische
   Gemüsebrühe (Instantpulver)
50–100 g Mozzarella
   (italienischer Frischkäse)
12 Kirschtomaten
1 EL Olivenöl
einige Blättchen Basilikum

1. Die Kartoffeln schälen, in dünne Scheiben schneiden. Die Zucchini waschen, ebenfalls in Scheiben schneiden.

2. Eine Auflaufform mit Butter einfetten, abwechselnd die Kartoffel- und Zucchinischeiben dachziegelförmig einschichten. Mit Pfeffer, Salz und der fein gehackten Knoblauchzehe würzen.

3. Die Sahne mit der Gemüsebrühe verrühren, über das Gemüse gießen. Den Mozzarella in Scheiben schneiden und den Auflauf damit bedecken. Bei 180 °C etwa 20 Minuten backen.

4. Für den Salat die Kirschtomaten waschen und halbieren. Sie dann salzen, pfeffern, mit Olivenöl beträufeln und mit frischen Basilikumblättchen verzieren.

Auf dem Foto unten.

K Heikes Nudelgratin

Zubereitungszeit: ca. ¾ Stunde
Für 2 Personen
ca. 730 kcal pro Portion

Für die Nudeln:

170 g Vollkornspiralen
etwas Meersalz
½ EL Sonnenblumenöl
1 kleine rote Paprikaschote

Für die Sauce:

125 ml süße Sahne
125 ml Wasser
1 EL vegetarische Gemüsebrühe
    (Instantpulver)
1 Msp. Cayennepfeffer
½ TL Pizzagewürz
1 TL Kräutersalz
100 g Wörishofener Käse,
    60 % Fett i. Tr.

1. Die Vollkornnudeln in reichlich leicht gesalzenem, sprudelndem Wasser, zusammen mit dem Sonnenblumenöl, bissfest garen. Sie dann abgießen und kurz mit kaltem Wasser abschrecken. Den Backofen auf 175 °C vorheizen.

2. In der Zwischenzeit die Paprikaschote waschen, halbieren, entkernen und das Fruchtfleisch in sehr feine Würfel schneiden.

3. Dann die Nudeln in eine gefettete Auflaufform geben und die Paprikawürfel sorgfältig untermischen.

4. Für die Sauce die Sahne und das Wasser miteinander verrühren. Mit der vegetarischen Gemüsebrühe, dem Cayennepfeffer, dem Pizzagewürz und dem Kräutersalz pikant abschmecken.

5. Die Sahnesauce über die Nudeln gießen. Den Käse in schmale Streifen schneiden und das Gratin gleichmäßig damit bedecken.

6. Im Ofen etwa 20 Minuten überbacken, bis der Käse schön geschmolzen ist.

Heike Hartung
aus W.

MEIN TIPP

Als Beilage esse ich gerne einen grünen Salat, z. B. einen Feldsalat mit Pilzen. Dazu frische Champignons in Butter goldbraun anbraten. Mit Salz würzen. Den Feldsalat mit einer Obstessig-Öl-Vinaigrette anmachen. Die lauwarmen Pilze darauf verteilen und mit frischen Kräutern bestreuen.

K Knusprige Kartoffelpuffer

Zubereitungszeit: ca. ¾ Stunde
Für 2 Personen
ca. 670 kcal pro Portion

1 kg neue Kartoffeln (vor-
wiegend festkochend)
1 Zwiebel
1–2 Knoblauchzehen
2 Eigelb
1 TL Meersalz
2 EL Weizenvollkornmehl
150 ml kaltgepresstes Sonnen-
blumenöl

1. Die Kartoffeln waschen und mit einem Sparschäler schälen. Die Zwiebel und die Knoblauchzehen ebenfalls schälen. Alles auf einer Küchenreibe oder in einer Küchenmaschine mittelfein reiben.

2. Das sich absetzende Kartoffelwasser abschütten. Die Kartoffelraspel sofort mit den Eigelben, dem Salz und dem Kartoffelmehl verrühren.

3. In einer großen beschichteten Pfanne reichlich Sonnenblumenöl erhitzen. Dann mit einer kleinen Schöpfkelle etwa drei Teigportionen hineinsetzen. Diese etwas flach drücken.

4. Die Puffer so lange braten, bis sie am Rand schön knusprig braun sind. Sie dann umdrehen und von der zweiten Seite ebenso braun braten.

5. Anschließend die Puffer direkt aus der Pfanne nehmen, zwischen zwei Lagen Küchenkrepp legen und so das überschüssige Fett entfernen.

6. Die restlichen Kartoffelpuffer auf die gleiche Weise zubereiten.

Christa Limbart
aus W.

MEINE TIPPS

Als Beilage empfehle ich Apfelmus. Man kann jedoch auch grünen Salat, Sauerkraut oder ein anderes Gemüse dazu servieren.

Fürs Partybuffet bereite ich kleine Puffer zu. Darauf kommt etwas Räucherlachs, ein wenig Crème fraîche und zur Garnierung ein Dillzweig.

E Tomaten-Mozzarella-Omelett

Zubereitungszeit: ca. 40 Minuten
Für 2 Personen
ca. 660 kcal pro Portion

3 feste große Tomaten
125 g Mozzarella
(italienischer Frischkäse)
5 Eier
75 g Sahne
½ Bund glatte Petersilie
etwas Salz
3 EL Butter

1. Die Tomaten waschen, vierteln. Den Mozzarella in dicke Stifte schneiden.

2. Die Eier mit der Sahne verquirlen. Die Petersilie waschen, trockenschütteln, fein hacken und zu der Eiersahne geben. Mit Salz würzen.

3. Die Hälfte der Butter in einem Topf zerlassen, die Hälfte der Eiersahne zugießen, kurz stocken lassen.

4. Die Hälfte der Tomaten und des Käses auf dem Omelett verteilen. Zugedeckt etwa 3 Minuten garen lassen.

5. Das zweite Omelett auf die gleiche Weise zubereiten.

Auf dem Foto oben.

Burkhard Philipps
aus D.
MEIN TIPP

Manchmal nehme ich anstelle des Mozzarellas auch Butterkäse oder jungen Gouda. Schmeckt genauso lecker.

E Gefüllte Schmorgurke

Zubereitungszeit: ca. 1 Stunde
Für 2 Personen
ca. 810 kcal pro Portion

Für die Füllung:
1 große gelbe Schmorgurke
(800 g)
400 g Rinderhackfleisch
1 Ei

Nicole Heuer
aus M.
MEIN TIPP

Die aromatischen, grün-gelblich gesprenkelten Schmorgurken sind nur von Juli bis September auf dem Markt. Man kann dieses Gericht aber auch mit einfachen Schlangengurken zubereiten.

1–2 TL Meersalz
1 fein gehackte Zwiebel
60 g gewürfelter Gouda

Für die Sauce:
250 ml vegetarische
Gemüsebrühe (Instantpulver)
100 ml süße Sahne
1 Knoblauchzehe
2 EL saure Sahne
1 kleiner Bund Dill

1. Die Gurke schälen, der Länge nach halbieren und die Kerne mit einem Löffel herausschaben.

2. Das Hackfleisch in eine Schüssel geben und mit dem Ei, dem Salz und den gehackten Zwiebeln gut verkneten. Den Backofen auf 175 °C vorheizen.

3. Die Gurkenhälften in eine Auflaufform setzen und mit dem Hackfleisch füllen. Anschließend mit dem gewürfelten Käse belegen.

4. Die Gemüsebrühe mit der süßen Sahne verrühren, die Knoblauchzehe dazupressen. Die Sauce zu den Gurken gießen und das Ganze im Backofen etwa 35 bis 40 Minuten schmoren lassen.

5. Zum Schluss die saure Sahne unterrühren, den Dill hacken und die Gurken damit bestreuen.

Auf dem Foto unten.

E Lauchomelett

Zubereitungszeit: ca. 20 Minuten
Für 2 Personen
ca. 330 kcal pro Portion

200 g Lauch
2 EL Speiseöl
4 Eier
1 EL frisch geriebener
    Parmesan
1 EL Sesamsamen
1 Msp. Meersalz
1 Msp. frisch geriebene
    Muskatnuss

1. Den Lauch putzen, waschen und in feine Ringe schneiden. In einer beschichteten Pfanne in heißem Öl anbraten und weich dünsten.

2. Die Eier in eine Schüssel aufschlagen, gut verquirlen, den Parmesan und den Sesam untermischen. Mit Salz und Muskatnuss würzen.

3. Die Eiermasse über den Lauch gießen, nicht mehr umrühren und bei geringer Hitze in etwa 8 Minuten stocken lassen. Dann das Omelett mithilfe eines Tellers wenden und zugedeckt fertig garen.

4. Das Lauchomelett auf einen großen Teller gleiten lassen und in 2 Stücke schneiden.

Auf dem Foto oben.

Jutta Siciliano
aus O.-W.
MEIN TIPP

Wenn ich mehrere Omeletts backe, halte ich bis zum Servieren die fertigen zugedeckt im Backofen bei 50 °C warm.

E Hacksteaks mit Blattspinat

Zubereitungszeit: ca. 1 Stunde
Für 2 Personen
ca. 620 kcal pro Portion

Für die Hacksteaks:
1 große Zwiebel
1 EL Olivenöl
300 g Rinderhackfleisch

Conny Steiner
aus E.
MEIN TIPP

Hübsch sieht es aus, wenn der Spinat in 2 feuerfesten Förmchen überbacken und darin serviert wird.

Pfeffer, Salz
1 Knoblauchzehe
1 kleine Möhre
1 Eigelb

Für den Spinat:
750 g Blattspinat
1 EL Butter
1 Knoblauchzehe
Pfeffer
75 g Mozzarella (italienischer
    Frischkäse)

1. Die Zwiebel fein hacken und in etwas heißem Olivenöl andünsten.

2. Das Hackfleisch mit Salz und Pfeffer gut würzen, den durchgepressten Knoblauch, die fein geriebenen Möhren, das Eigelb und die Zwiebel untermischen.

3. Aus dem Fleischteig flache Steaks formen und in heißem Öl von beiden Seiten braun braten.

4. Den Blattspinat waschen, putzen, in kochendem Salzwasser einmal aufwallen lassen, rausnehmen, abtropfen lassen.

5. Die Butter in einer Pfanne zerlassen, die in dünne Scheiben geschnittene Knoblauchzehe darin zartbraun werden lassen, den Spinat dazugeben, erhitzen und mit Pfeffer abschmecken.

6. Den Mozzarella in dünne Scheiben schneiden, auf dem Spinat verteilen und im Backofen kurz überbacken.

Auf dem Foto unten.

E Blumenkohlauflauf

Zubereitungszeit: ca. ¹/₂ Stunde
Garzeit: ca. ³/₄ Stunde
Für 2 Personen
ca. 340 kcal pro Portion

¹/₂ Blumenkohl
¹/₂ TL Meersalz
etwas Butter für die Form
250 g Tomaten
1 kleine Gemüsezwiebel
¹/₂ EL Sonnenblumenöl
4 große Eier
4 EL Wasser
4 EL Sahne
¹/₂ TL Kräutersalz
¹/₂ TL Paprikapulver (edelsüß)
1 Msp. frisch geriebene
   Muskatnuss
¹/₂ kleiner Bund Schnittlauch

1. Den Blumenkohl putzen, waschen und in kleine Röschen teilen. In wenig leicht gesalzenem Wasser zugedeckt etwa 10 Minuten garen. Dann die Röschen herausnehmen, abtropfen lassen und in eine gefettete Auflaufform setzen.

2. Die Tomaten kurz mit kochendem Wasser überbrühen, kurz mit kaltem Wasser abschrecken, häuten, entkernen und das Fruchtfleisch in kleine Würfel schneiden.

3. Die Zwiebel schälen, ebenfalls würfeln und in dem Sonnenblumenöl glasig dünsten. Die Zwiebelwürfel mit den Tomatenstückchen mischen und beides gleichmäßig auf dem Blumenkohl verteilen. Den Backofen auf 175 °C vorheizen.

4. Die Eier mit dem Wasser und der Sahne verquirlen. Das Ganze mit dem Salz, dem Paprikapulver und der Muskatnuss kräftig würzen. Dann die Eiermilch über das Gemüse gießen. Im Backofen etwa ³/₄ Stunde stocken lassen.

5. Den Schnittlauch waschen, trockenschütteln, in kleine Röllchen schneiden und auf dem Gemüseauflauf verteilen.

Carmen Martinez de Lara aus D.
MEIN TIPP

Blumenkohl ist mir die liebste Kohlsorte, weil er so zart und bekömmlich ist.
Frischen Blumenkohl erkennt man an knackigen Blättern und einem festen Strunk. Im Gemüsefach des Kühlschranks bleibt er 3 bis 4 Tage frisch. Vor dem Lagern jedoch die Blätter entfernen!

E Hackfleisch mit Gemüseallerlei

Zubereitungszeit: ca. ½ Stunde
Für 2 Personen
ca. 730 kcal pro Portion

4 Zwiebeln
1 EL Olivenöl
500 g Rinderhackfleisch
150 ml vegetarische
    Gemüsebrühe (Instantpulver)
5–6 Tomaten
je 1 grüne, rote und gelbe
    Paprikaschote
3–4 kleine Zucchini

1. Die Zwiebeln fein hacken und in heißem Fett glasig dünsten. Das Fleisch dazugeben und anbraten. Die Brühe angießen, köcheln lassen.

2. In der Zwischenzeit die Tomaten waschen und würfeln. Die Paprikaschoten waschen und in Streifen schneiden. Die Zucchini waschen, dann in dünne Scheiben schneiden.

3. Das Gemüse zu dem Hackfleisch geben. Alles leicht köcheln lassen, bis das Gemüse bissfest ist.

Auf dem Foto oben.

Anja Schmittel
aus S.
MEIN TIPP

Mit frischem Thymian (einen kleinen Zweig mitkochen) erhält das Gericht ein herzhaftes Aroma.
Wer's pikant mag, kann auch eine Knoblauchzehe auspressen und dazugeben.

E Paprikapfanne mit Knoblauchwurst

Zubereitungszeit: ca. 35 Minuten
Für 2 Personen
ca. 1060 kcal pro Portion

2 mittelgroße Zwiebeln
2 Knoblauchzehen
2 grüne Paprikaschoten
2 rote Paprikaschoten
4 EL Öl
600 g Tomaten
2 TL Meersalz
4 TL Paprikapulver
2 TL getrockneter Oregano
2 EL gehackte Petersilie
100 ml vegetarische Gemüse-
    brühe
200 g Knoblauchwurst
    (vom Rind)
200 g TK-Erbsen
120 g geriebener Käse,
    60 % Fett i. Tr.

1. Die Zwiebeln würfeln, die Knoblauchzehen zerdrücken, die Paprikaschoten halbieren, putzen, waschen und in Würfel schneiden.

2. Die Zwiebeln und den Knoblauch in heißem Öl glasig dünsten. Die Paprikawürfel dazugeben und weitere 6 Minuten dünsten.

3. Die Tomaten kurz überbrühen, häuten, würfeln und zur Paprikamischung geben. Das Ganze mit Salz, Paprikapulver, Oregano und Petersilie würzen. Die Gemüsebrühe angießen und alles etwa 5 Minuten garen.

4. Die Knoblauchwurst in Scheiben schneiden und zusammen mit den Erbsen unter das Gemüse mischen. Alles in eine gefettete Auflaufform füllen. Mit dem Käse bestreuen. Bei 200 °C etwa 20 Minuten backen.

Auf dem Foto unten.

Christina Kosar
aus D.
MEIN TIPP

Der Käse kann je nach Vorliebe gewählt werden: zum Beispiel Butterkäse oder Edamer.
Als Beilage schmeckt ein knackiger Eisbergsalat.

E Entenbrust mit Salbeimöhren

Zubereitungszeit: ca. 1 Stunde
Zeit zum Durchziehen: ca. 1 Stunde
Für 2 Personen
ca. 710 kcal pro Portion

2 Entenbrüste
Salz
Pfeffer
1 Bund Majoran
1 kg junge Möhren
4 EL Butter
frisch gemahlener Pfeffer
20 Salbeiblättchen
2 EL Mandelstifte

Ute Schorn
aus S.-N.

MEIN TIPP

Zu diesem delikaten Gericht
passt ein Chicoréesalat
mit einem Zitronensaft-
Walnussöl-Dressing.

1. Die Haut der Entenbrüste rautenförmig einschneiden. Sie dann von beiden Seiten mit Salz und Pfeffer würzen. Auf der Fleischseite großzügig die frischen Majoranblättchen verteilen.

2. Die Entenbrüste gut mit Alufolie abdecken und mindestens 1 Stunde an einem kühlen Ort ziehen lassen.

3. Danach eine ofenfeste Pfanne erhitzen, die Entenbrüste ohne Zugabe von Fett auf der Hautseite scharf anbraten bis das Fleisch schön braun ist. Dann die andere Seite anbraten.

4. Die Pfanne vom Herd nehmen und im vorgeheizten Backofen bei 180 °C in etwa 12 Minuten fertig braten.

5. In der Zwischenzeit die Möhren waschen und schälen. Besonders dicke Möhren der Länge nach halbieren oder vierteln. Kleine Möhren ganz lassen.

6. Dann 2 Esslöffel Butter in einer beschichteten Pfanne zerlassen und die Möhren darin etwa 10 Minuten zugedeckt im eigenen Saft bissfest garen. Mit Salz und frisch gemahlenem Pfeffer würzen.

7. Die Entenbrüste aus dem Ofen nehmen und vor dem Anschneiden 5 Minuten ruhen lassen.

8. Die übrige Butter in einer kleinen Pfanne zerlassen, die Mandelstifte darin bräunen. Dann die in Streifen geschnittenen Salbeiblättchen kurz mitbraten und alles über die Möhren geben. Zu den Entenbrüsten servieren.

E | Hähnchenbrust in Mandelsauce mit Brokkoligemüse

Zubereitungszeit: ca. ½ Stunde
Für 2 Personen
ca. 620 kcal pro Portion

1 Zwiebel
150 g Champignons
500 g Brokkoli
2 EL Butter
4 EL fein gehackte Mandeln
2 Hähnchenbrüste (à 200 g)
1 TL Kräutersalz
100 ml süße Sahne
1 EL frische Oreganoblättchen

1. Die Zwiebel schälen, die Pilze putzen und beides fein würfeln. Den Brokkoli waschen und in Röschen zerteilen.

2. Die Butter in einer Pfanne zerlassen. Die Zwiebel- und Pilzwürfel darin anbraten. Die Mandeln hinzufügen, kurz mitbraten, dann das Ganze an den Pfannenrand schieben.

3. Die Hähnchenbrüste waschen, trockentupfen und mit dem Kräutersalz würzen. Sie von beiden Seiten jeweils 4 bis 5 Minuten anbraten.

4. Den Brokkoli in etwa 5 bis 8 Minuten in kochendem Salzwasser bissfest garen.

5. Den Bratensaft mit 6 Esslöffeln Wasser und der Sahne löschen. Aufkochen lassen und mit Salz und dem Oregano würzen.

Auf dem Foto oben.

Ciolli Lucia Mägdefessel aus W.
MEIN TIPP

Brokkoli wird schon nach kurzer Lagerung gelb und welk. In Frischhaltefolie verpackt hält er sich im Gemüsefach des Kühlschranks 2 bis 3 Tage frisch.

E | Wirsingeintopf

Zubereitungszeit: ca. 2¼ Stunden
Für 2 Personen
ca. 660 kcal pro Portion

500 g Lammfleisch
½ Wirsingkohl
1 kleine Zwiebel

Helga Poeschke aus K.
MEIN TIPP

Für diesen Eintopf eignen sich Fleischstücke vom Hals und Nacken des Lamms, da sie leicht marmoriert sind.

200 g Möhren
1–2 EL Sonnenblumenöl
1 l vegetarische Gemüsebrühe
(Instantpulver)
¼ Bund Thymian
1 Msp. Muskatnuss
½ TL Kümmelpulver
etwas Kräutersalz
75 g süße Sahne

1. Das Fleisch waschen, trockentupfen und würfeln.

2. Den Wirsing putzen, vierteln und den Mittelstrunk herausschneiden. Den Kohl in grobe Stücke hacken. Die Zwiebel schälen und würfeln. Die Möhren schälen und in Scheiben schneiden.

3. Das Öl in einem Bräter erhitzen, das Fleisch darin anbraten. Die Gemüsebrühe angießen, mit Thymian, Muskatnuss und Kümmelpulver würzen. Den Bräter verschließen und das Ganze etwa 1½ Stunden köcheln lassen.

4. Danach das Gemüse untermischen und im vorgeheizten Backofen bei 180 °C etwa ¾ Stunde schmoren lassen. Mit dem Kräutersalz nachwürzen und der Sahne verfeinern.

Auf dem Foto unten.

E Gegrillte Puten-Apfel-Schnitzel

Zubereitungszeit: ca. 20 Minuten
Zeit zum Marinieren: über Nacht
(ca. 8 Stunden)
Für 2 Personen
ca. 840 kcal pro Portion

Für die Marinade:

6 EL kaltgepresstes Sonnenblumenöl
$1/8$ l trockener Weißwein
1–2 TL Paprikapulver
  (edelsüß)
1 TL Meersalz
2 EL klein gehackte Rosinen

Für die Putenschnitzel:

2 Putenschnitzel
1 mittelgroßer, säuerlicher
  Apfel
$1^1/2$ EL Butter
60 g Käse, 60 % Fett i. Tr.
  (z. B. Wörishofener oder
  Butterkäse)

1. Für die Marinade das Son-nenblumenöl zusammen mit dem Weißwein, dem Paprika-pulver, dem Salz und den klein gehackten Rosinen verrühren.

2. Die Putenschnitzel in die Marinade legen und etwa 8 Stunden zugedeckt im Kühl-schrank ziehen lassen.

3. Dann die Schnitzel aus der Marinade nehmen, abtropfen lassen und auf dem heißen Tischgrill jede Seite etwa 4 bis 5 Minuten grillen.

4. In der Zwischenzeit den Apfel schälen, das Kerngehäu-se vorsichtig herausstechen und die Frucht in 6 Scheiben schneiden.

5. Die Butter in einer kleinen beschichteten Pfanne zerlas-sen. Die Apfelscheiben hinzu-fügen und etwa 6 bis 8 Minu-ten in der Butter schmoren lassen. Dabei einmal wenden.

6. Die Putenschnitzel mit je 3 Apfelscheiben belegen. Den Käse in Streifen schneiden und die Schnitzel damit bedecken. Alles etwa 5 Minuten grillen, bis der Käse über den Äpfeln schön geschmolzen ist.

René Arauzo-
Coulbault aus F.

MEIN TIPP

Als Beilage schmeckt ein Apfel-Sellerie-Salat oder eine Möhrenrohkost. Dazu 400 g Möhren fein raspeln und mit einem Dressing aus Zitronen-saft, Salz, Honig, Joghurt, etwas Sahne und gehackten Walnüssen anmachen.

E Lammkrone mit grünen Bohnen

Zubereitungszeit: ca. 1 Stunde
Zeit zum Marinieren: über Nacht
(ca. 8 Stunden)
Für 2 Personen
ca. 510 kcal pro Portion

2–3 Knoblauchzehen
Salz
2–3 EL Olivenöl
2–3 Zweige Rosmarin
2 Stücke Lammrückenfilets
   (à 250 g)
½ kg grüne Bohnen
½ Bund Bohnenkraut
1 große rote Zwiebel
etwas Öl
etwas Weißwein
1 EL Butter

1. Den Knoblauch schälen und mithilfe des Salzes zerdrücken. Das Olivenöl langsam unterrühren. Die Rosmarinnadeln klein hacken und zu dem Knoblauch geben.

2. Die Lammrückenfilets gleichmäßig mit der Knoblauchmasse einreiben, in Alufolie einpacken und etwa 8 Stunden im Kühlschrank ziehen lassen.

3. Die Filets im vorgeheizten Backofen bei 180 °C in einer feuerfesten Form etwa 20 Minuten braten. Nach dem Herausnehmen die Filets zugedeckt etwa 5 Minuten ruhen lassen.

4. In der Zwischenzeit die ganzen Bohnen in reichlich kochendem Salzwasser zusammen mit dem Bohnenkraut (etwas Kraut zum Garnieren zurückbehalten) in 10 Minuten bissfest garen.

5. In der Zwischenzeit die Zwiebel schälen, halbieren und in feine Streifen schneiden. Sie in einer großen Pfanne in wenig Öl andünsten, eventuell mit einem Schuss trockenem Weißwein ablöschen. Die Butter darin zerlassen.

6. Die abgegossenen und kalt abgeschreckten Bohnen zu den Zwiebeln geben, alles miteinander vermischen.

7. Die Bohnen zusammen mit den Lammrückenfilets auf einer Platte anrichten und mit fein gehacktem Bohnenkraut garnieren.

Heinz Janzen
aus H.

MEIN TIPP

Lammfleisch ist zart, würzig und eher fettarm.
Gute Qualität erkennt man an der hellroten Farbe des Fleischs und am fast weißen Fett.

E   Möhren mit Seezungenfilet

Zubereitungszeit: ca. 35 Minuten
Für 2 Personen
ca. 310 kcal pro Portion

3/4 kg frische Möhren
1 EL Butter
150 ml Gemüsebrühe
   (Instantpulver)
2 Seezungenfilets (à 200 g)
Zitrone
Salz, Pfeffer
1/2 EL saure Sahne
1/2 TL Senf
1 EL gehackte Petersilie

1. Die Möhren putzen, waschen und würfeln. Die Butter in einem Topf zerlassen, die Möhren darin kurz dünsten. Dann die Gemüsebrühe angießen.

2. Die Fischfilets mit der Zitrone beträufeln. Mit Salz und Pfeffer würzen. Sie dann auf das Gemüse legen und alles zusammen etwa 10 Minuten dünsten.

3. Danach die Fischfilets auf eine vorgewärmte Platte legen. Die saure Sahne unter die Möhren rühren.

4. Den Fisch auf den Möhren anrichten und mit der Petersilie bestreut servieren.

Auf dem Foto oben.

Doris Herrmann
aus S.
MEIN TIPP

Die Seezunge ist ein Plattfisch, der zu den feinsten Edelfischen gehört. Man bekommt ihn in Fischfachgeschäften.

E   Schollenröllchen auf Zucchinigemüse

Zubereitungszeit: ca. 3/4 Stunde
Für 2 Personen
ca. 490 kcal pro Portion

2 Schollenfilets (à 200 g)
2 EL Zitronensaft
Salz
frisch gemahlener Pfeffer
1 Bund gemischte Kräuter

80 g Doppelrahmfrischkäse
2 EL Butter
350 g Zucchini
125 g Schalotten
80 ml vegetarische Gemüsebrühe
   (Instantpulver)

1. Die Schollenfilets kalt abwaschen, trockentupfen und mit Zitronensaft beträufeln, salzen und pfeffern.

2. Die Kräuter waschen und trockenschütteln. Einige Blätter zum Garnieren beiseite legen. Den Rest klein hacken und mit dem Frischkäse verrühren.

3. Die Filets mit der Masse bestreichen, aufrollen und mit Holzspießchen zustecken. 1 Esslöffel Butter in einer Pfanne zerlassen und die

Schollenröllchen darin von allen Seiten etwa 8 Minuten anbraten.

4. Die Zucchini waschen, putzen und raspeln. Die Schalotten schälen und würfeln.

5. Die restliche Butter in einer Pfanne aufschäumen, die Schalotten darin glasig werden lassen. Die Zucchiniraspeln einrühren und kurz anbraten. Die Brühe angießen, aufkochen lassen.

6. Die Schollenröllchen auf dem Gemüse anrichten und sofort servieren.

Auf dem Foto unten.

Waltraud Ullrich
aus S.
MEIN TIPP

Scholle (oder auch Goldbutt genannt) ist zugegeben nicht ganz billig. Doch sein mageres Fleisch schmeckt sehr lecker.

E | **Zanderfilet auf Roter Bete**

Zubereitungszeit: ca. 1 Stunde
Zeit zum Durchziehen:
ca. 30 Minuten
Für 2 Personen
ca. 500 kcal pro Portion

400 g frische Rote Bete
70 g Schmand
50 g Doppelrahmfrischkäse
mit Kräutern
2 TL Zitronensaft
Salz
Pfeffer
2 Zanderfilets (à 200 g)
1/2 Bund Thymian
1 TL Sesamsaat
1 EL Olivenöl

1. Die Rote Bete sorgfältig waschen, jede Knolle einzeln nass in Alufolie einwickeln und im Backofen etwa 1 Stunde bei 180 °C garen.

2. In der Zwischenzeit den Schmand mit dem Frischkäse und 1 Teelöffel Zitronensaft glatt rühren. Mit Salz und Pfeffer pikant abschmecken.

3. Die Zanderfilets waschen und trockentupfen. Sie dann mit dem restlichen Zitronensaft beträufeln, salzen und mit den kalt abgespülten Thymianblättchen belegen.

4. Die Filets an einem kühlen Ort mindestens 15 Minuten zugedeckt ziehen lassen. Dann die Filets mit der Sesamsaat bestreuen und in heißem Olivenöl von jeder Seite etwa 4 Minuten braun braten.

5. Die Rote Bete aus dem Ofen nehmen, aus der Folie wickeln, den Blattansatz entfernen, die Schale abziehen und die Knollen in Scheiben schneiden.

6. Die Rote-Bete-Scheiben auf 2 Tellern anrichten, den gebratenen Zander darauf legen und zum Schluss mit dem Kräuterschmand garnieren.

Birgit Lorenz
aus H.

MEIN TIPP

Serviert man die Rote Bete in der geöffneten Folie, schneidet sie kreuzweise ein und gibt dann den Schmand darüber, hat man eine leckere Vorspeise.

E Pescado al Forno (Fisch aus dem Ofen)

Zubereitungszeit: ca. 1¼ Stunden
Für 2 Personen
ca. 660 kcal pro Portion

400 g Blattspinat
1 Zwiebel
1 EL kaltgepresstes Olivenöl
2 TL vegetarische Gemüsebrühe
   (Instantpulver)
500 g Tomaten
2 Lachsfilets (à 200 g)
1 EL Zitronensaft
1 TL Meersalz
100 ml Wasser
100 ml süße Sahne
½ TL Chilipulver
1 TL Kräutersalz
50 g geriebener Parmesankäse
einige Blättchen Basilikum

1. Den Spinat gründlich waschen, verlesen und die harten Stiele abtrennen.

2. Die Zwiebel schälen und fein hacken. Das Öl in einer beschichteten Pfanne erhitzen und die Zwiebel darin glasig dünsten.

3. Den Spinat hinzufügen, zusammenfallen lassen und alles mit der Gemüsebrühe würzen. Den Backofen auf 200 °C vorheizen. Den Spinat in Stücke schneiden und in eine Auflaufform legen.

4. Die Tomaten mit kochendem Wasser überbrühen, häuten und das Fruchtfleisch in kleine Würfel schneiden. Die Hälfte der Tomatenwürfel gleichmäßig auf dem Spinat verteilen.

5. Die Lachsfilets mit dem Zitronensaft beträufeln, leicht salzen und diese zum Spinat auf die Tomatenwürfel legen. Mit den restlichen Tomaten bedecken.

6. Das Wasser mit der Sahne mischen, mit dem Chilipulver und dem Kräutersalz würzen. Den geriebenen Parmesankäse unterrühren. Die Sauce über den Fisch gießen.

7. Das Gratin etwa 20 bis 25 Minuten im Ofen überbacken, bis der Käse schön goldgelb ist. Mit dem Basilikum bestreut servieren.

Carmen Martinez
Francisco aus D.
MEIN TIPP

Beim Vorbereiten des Spinats werden Stiel und Blattrippe entfernt: Man faltet mit einer Hand das Blatt in der Mitte zusammen, sodass die Blattrippe außen liegt. Nun mit der freien Hand den Stiel und gleichzeitig die Blattrippe vom Blatt abtrennen.

K Kokosnussjoghurt

Zubereitungszeit: ca. 10 Minuten
Für 2 Personen
ca. 460 kcal pro Portion

4 EL Kokosflocken
300 g Sahnejoghurt
3 EL Ahornsirup
einige Minzeblättchen

1. Die Kokosflocken in einer Pfanne ohne Fett kurz rösten. Anschließend mit dem Sahnejoghurt in einer Schüssel vermischen.

2. Mit dem Ahornsirup (oder nach Geschmack auch mit Honig) süßen und auf 2 Schälchen verteilen.

3. Den Kokosnussjoghurt mit den Minzeblättchen garnieren und gekühlt servieren.

Auf dem Foto oben.

Ursula Kleinelümern aus H.
MEIN TIPP

Zum Süßen eignen sich auch kleine Stückchen einer reifen Banane. Einfach in den Joghurt rühren.

K Apfelkompott

Zubereitungszeit: ca. ½ Stunde
Für 2 Personen
ca. 210 kcal pro Portion

4–5 mürbe Äpfel (z. B. gut abgelagerte Elstar oder Red Delicious)
100 ml Wasser
½ TL gemahlener Zimt
2 EL Honig oder Apfeldicksaft

1. Die Äpfel vierteln, schälen und dann das Kerngehäuse entfernen.

2. Die Apfelstücke in einen Topf geben, das Wasser, den Zimt und den Honig hinzufügen und alles zugedeckt etwa 10 Minuten köcheln lassen.

3. Die Apfelstücke mit dem Schneebesen oder dem elektrischen Schneidstab pürieren.

4. Das Kompott vor dem Servieren erkalten lassen.

Auf dem Foto unten.

Angela Palencia aus M.
MEIN TIPP

Zum Apfelkompott passt eine mit Zimt gewürzte Schlagsahne.
Man kann auch ein paar Rosinen zum Kompott geben.

K Geeiste Bananencreme

Zubereitungszeit: ca. 10 Minuten
Gefrierzeit: ca. 8 Stunden
Für 2 Personen
ca. 360 kcal pro Portion

2 vollreife Bananen
1 EL Rapshonig
50 g saure Sahne
50 g Crème fraîche
3 EL Ahornsirup
2 TL Mandelblättchen

1. Die Bananen schälen und für 8 Stunden ins Gefrierfach legen.

2. Anschließend leicht antauen lassen und zusammen mit dem Honig, der sauren Sahne und der Crème fraîche im Mixer pürieren.

3. Die geeiste Bananencreme in 2 Dessertgläser füllen und dann mit dem Ahornsirup beträufeln.

4. Mit den Mandelblättchen garniert servieren.

Auf dem Foto oben.

Ulrike Ney
aus S.
MEIN TIPP

Diese köstliche Bananencreme kann man anstelle von Mandelblättchen auch mit gehackten Pistazien bestreuen.

E Gefrostete Sahneerdbeeren

Zubereitungszeit: ca. ¼ Stunde
Gefrierzeit: ca. 6 Stunden
Für 2 Personen
ca. 250 kcal pro Portion

Inge Palzer
aus E.
MEIN TIPP

Mit Heidelbeeren anstelle der Erdbeeren zählt dieses Dessert zur neutralen Gruppe.

400 g frische Erdbeeren
1–2 EL Frutilose (Obstdicksaft aus dem Reformhaus)
100 ml süße Sahne
4 Minzeblättchen

1. Die Erdbeeren waschen, putzen und im Froster etwa 6 Stunden gefrieren lassen. Einige schöne Früchte für die Garnitur beiseite legen.

2. Danach die Früchte leicht antauen lassen und mit der Frutilose süßen. Alles mit dem Schneidstab pürieren. Die Sahne steif schlagen und unter das Fruchtmus heben.

3. Die gefrosteten Sahneerdbeeren in 2 kleine Schalen füllen und mit den restlichen Erdbeeren sowie den Minzeblättchen garnieren.

Auf dem Foto unten.

E Veras Ananasdessert

Zubereitungszeit: ca. 10 Minuten
Für 2 Personen
ca. 270 kcal pro Portion

Vera Ballnath
aus W.

MEIN TIPP

Beim Einkauf einer frischen
Ananas achte ich darauf, dass
das Fruchtfleisch auf Fingerdruck etwas nachgibt. Die
Färbung der Schale ist jedoch
kein Reifekriterium.

½ frische Ananas
1–2 EL Kokosflocken
1 EL Butter
2 EL Sahne

1. Die Ananas auf das abge-
schnittene Strunkende stellen
und gut festhalten. Mit einem
langen Messer die schuppige
Schale von oben nach unten
in Streifen abschneiden. Die
Frucht möglichst dick ab-
schälen, damit auch die
„Augen" entfernt werden.

2. Das Fruchtfleisch in recht-
eckige Spalten schneiden.
Diese in den Kokosflocken
wenden und in der heißen
Butter 2 bis 3 Minuten braten.

3. Die Ananasspalten auf
2 Tellern anrichten und zum
Schluss mit jeweils 1 gehäuf-
ten Esslöffel geschlagener
Sahne garnieren.

Auf dem Foto unten.

E Früchtetraum

Zubereitungszeit: ca. ¼ Stunde
Kühlzeit: ca. 1 Stunde
Für 2 Personen
ca. 650 kcal pro Portion

250 g Beeren der Saison
 (z. B. Brombeeren, Heidelbeeren, Himbeeren)
2 TL flüssiger Honig
2 EL Himbeergeist oder Wodka
200 g Joghurt, 3,5 % Fett
100 g Mascarpone (italienischer
 Frischkäse)
100 g süße Sahne
2 EL gehackte Pistazien

1. Die Beeren verlesen, waschen, mit einer Gabel grob
zerdrücken und mit dem Honig
leicht süßen. Nach Belieben
mit dem Himbeergeist be-
träufeln.

2. Den Joghurt mit dem Mascarpone cremig rühren. Die
Sahne steif schlagen und vorsichtig unterheben.

3. Die Früchte und die Mas-
carponecreme schichtweise
in 2 Dessertgläser füllen und
etwa 1 Stunde kalt stellen.

4. Die Creme vor dem Servieren mit den gehackten Pistazien verzieren.

Auf dem Foto oben.

Sofia Tutor Galiana
aus D.

MEIN TIPP

Den Himbeergeist kann man
durch Wodka ersetzen.
Der Früchtetraum schmeckt
aber auch ohne Alkohol sehr
lecker.

K Grilläpfel

Zubereitungszeit: ca. 20 Minuten
Für 2 Personen
ca. 250 kcal pro Portion

2 mürbe Äpfel
2 EL flüssige Butter
50 ml süße Sahne
1 TL gemahlener Zimt

1. Die Äpfel sorgfältig waschen und in eine obere und untere Hälfte teilen. Die Schnittflächen mit der flüssigen Butter bestreichen und im Grill oder Backofen bei 200 °C von beiden Seiten etwa 15 Minuten grillen.

2. Die kühle Sahne in einem hohen Gefäß steif schlagen.

3. Die Apfelhälften mit Sahnetupfer garnieren und mit dem Zimt bestäuben. Noch heiß servieren.

Auf dem Foto oben.

Monika Wagner
aus R.
MEIN TIPP

Nicht nur Kinder lieben diese Grilläpfel mit einer Vanillesauce und gerösteten Mandelstiften!

K Nussknackerbrot

Zubereitungszeit: ca. 1½ Stunden
Ruhezeit: ca. 40 Minuten
Backzeit: ca. 35 Minuten
Für 16 Stücke
ca. 300 kcal pro Stück

100 ml süße Sahne
300 ml lauwarmes Wasser
1 TL Honig
60 g Hefe

700 g feines Weizenvollkornmehl
100 g Butter
½ TL Meersalz
200 g ganze Haselnüsse
100 g ungeschwefelte Rosinen
etwas Butter für die Form

1. Die Sahne mit dem lauwarmen Wasser, dem Honig, der Hefe und der Hälfte des Mehls verquirlen. Diesen Vorteig an einem warmen Ort etwa 20 Minuten zugedeckt gehen lassen.

2. Danach das restliche Mehl, die Butter, das Salz, die Nüsse und die gewaschenen Rosinen unterrühren und alles miteinander verkneten.

3. Eine Brot- oder Kastenform mit Butter gut ausfetten, den Teig hineingeben und nochmals für etwa 20 Minuten zugedeckt an einem warmen Ort treiben lassen. Der Teig hat sich dann etwa verdoppelt.

4. Den Backofen auf 200 °C vorheizen. Das Brot in der Zwischenzeit mit warmem Wasser bestreichen und mehrmals mit einem Holzstäbchen einstechen.

5. Ein feuerfestes Gefäß mit heißem Wasser in den Ofen stellen und das Brot in diesem Dampf etwa 20 Minuten backen. Danach das Gefäß entfernen und ohne Dampf weitere 15 Minuten backen.

6. Das Brot gut auskühlen lassen und mit Butter und Honig genießen.

Auf dem Foto unten.

Sabine Sehr
aus B.
MEIN TIPP

Wer möchte, hackt die Nüsse grob. Außerdem kann man einen Teil der Haselnüsse gut durch Walnüsse ersetzen.

K Kerniger Apfel-Nuss-Kuchen

Zubereitungszeit: ca. 1 Stunde
Backzeit: ca. 40 Minuten
Für 12 Stücke
ca. 370 kcal pro Stück

Für den Teig:

3 Eigelb
6 EL Sonnenblumenöl
150 g flüssiger Honig
2 EL abgeriebene Schale einer
    unbehandelten Zitrone
etwas Meersalz
250 g feines Dinkelvollkornmehl
1 Pck. Backpulver
5 EL süße Sahne
3 EL Wasser
4 mürbe Äpfel
etwas Butter für die Form

Für den Belag:

70 g Butter
150 g gehackte Mandeln
70 g süße Sahne
120 g Honig

1. Für den Teig die Eigelbe mit dem Öl und dem Honig cremig verrühren. Dann die Zitronenschale und das Salz hinzufügen.

2. Das Mehl mit dem Backpulver mischen und unter die Eicreme ziehen. Die Sahne mit dem Wasser mischen und unter den Teig rühren. Alles kurze Zeit quellen lassen.

3. In der Zwischenzeit die Äpfel schälen, vierteln, das Kerngehäuse herausschneiden und die Früchte in kleine Spalten schneiden. Den Backofen auf 160 °C vorheizen.

4. Die Äpfel sofort unter den Teig rühren. Eine Springform mit der Butter ausfetten (26 cm ∅), den Teig hineingeben und glatt streichen.

5. Für den Belag die Butter schmelzen lassen. Die gehackten Mandeln zusammen mit der Sahne und dem Honig hinzufügen. Alles unter Rühren kurz aufkochen lassen und die Masse noch heiß auf dem Teig verteilen.

6. Den Kuchen auf der mittleren Schiene des Ofens etwa 25–30 Minuten backen.

Christiane Persch
aus G.

MEINE TIPPS

Wenn Sie keine frischen Zitronen zur Hand haben, können Sie anstatt selbst geriebener Zitronenschale ausnahmsweise ½ Päckchen Zitroback verwenden.

Die gehackten Mandeln können nach Belieben auch durch Mandelstifte oder Mandelblättchen ausgetauscht werden.

Rezeptverzeichnis

■ Apfel-Karotten-Müsli 22
■ Apfelkompott 100
■ Apfel-Nuss-Kuchen, kerniger 108
■ Apfel-Sellerie-Salat 50
■ Avocado-Buttermilch-Drink 36

■ Bananencreme, geeiste 102
■ Bandnudeln mit Gemüse-Käse-Sauce 68
■ Blumenkohlauflauf 82
■ Brunchterrine 46
■ Brushetta-Brot 68

■ Champignons, gefüllte 58

■ Dinkelmüsli mit Zwetschgen und Bananen 26

■ Eisbergsalat 50
■ Entenbrust mit Salbei-möhren 86
■ Erdbeerfrühstück 34

■ Feldsalat 52
■ Fisch aus dem Ofen 98
■ Frischkäsebrot mit Bananenscheiben 30
■ Früchtetraum 104
■ Fruchtmüsli 34

■ Garnelen-Tapas 46
■ Grilläpfel 106
■ Gurkensalat 52

■ Hackfleisch mit Gemüse-allerlei 84
■ Hacksteaks mit Blatt-spinat 80
■ Hähnchenbrust in Mandelsauce mit Brokkoligemüse 88
■ Heidelbeer-Buttermilch-Shake 32
■ Heikes Nudelgratin 74
■ Himbeermilchshake 36
■ Hirsebrei, süßer, mit Heidelbeeren 24
■ Honigbrot 24

■ Kapernsauce 56
■ Kartoffel-Kürbis-Gratin 58
■ Kartoffelpuffer, knusprige 76
■ Kartoffelsuppe mit Majoran 72
■ Kartoffel-Zucchini-Auflauf mit Tomatensalat 72
■ Käsebrötchen 22
■ Käsekartoffeln, gebackene 66
■ Kerbel-Frischkäse-Creme 32
■ Knoblauchsauce 56
■ Kokosnussjoghurt 100

■ Lammkrone mit grünen Bohnen 92
■ Lauchgemüse, feines 54
■ Lauchomelett 80

■ Mariannes Lachstatar auf Toast 40
■ Möhren mit Seezungen-filet 94

■ Nussjoghurt 28
■ Nussknackerbrot 106
■ Nussmischung, gesalzene 30

■ Ofenkartoffeln, pikant gefüllte 62

■ Paprikapfanne mit Knoblauchwurst 84
■ Pescado al Forno 98
■ Pflaumencreme 26
■ Pizza mit Pilzen 38
■ Pizzatoast 42
■ Puten-Apfel-Schnitzel, gegrillte 90

■ Rindfleischsalat 44
■ Romanasalat mit Knoblauchcroûtons 48
■ Rubens Grillpaprika 54

■ Sahneerdbeeren, gefrostete 102
■ Sahnehering mit Pell-kartoffeln 64
■ Schmorgurke, gefüllte 78
■ Schollenröllchen auf Zucchinigemüse 94
■ Sonnenblumen-Heidelbeer-Müsli 28
■ Spinat, frischer, mit Bratkartoffeln 60
■ Sprossensalat 48

Register

■ Tagliatelle mit Basilikum-
 sauce   70
▨ Tomaten-Mozzarella-
 Omelett   78

▨ Veras Ananasdessert   104

▨ Wirsingeintopf   88

▨ Zanderfilet auf
 Roter Bete   96
▨ Zucchini, gebackene   62
■ Zucchinigulasch   40
▨ Zucchinisuppe   42

Erklärung der Farben:
■ = Kohlenhydratgruppe
▨ = Eiweißgruppe
▨ = Neutrale Gruppe

Äpfel   13, 17

Basenbildner   15
Blutzuckerspiegel   15

Cholesterinspiegel,
 erhöhter   15

Diabetes   15
Diäten   14

Eiweißgruppe   9, 12, 15
Eiklar, Verwendung von   18
Elemente, basische   10
Essig   7, 18

Fertiggerichte   11, 13

Gebäck   18

Hay, Dr. Howard   8
Honig   11, 13, 18
Hülsenfrüchte,
 getrocknete   13, 17

Kohlenhydratgruppe   9, 13
Konserven   11
Kopfschmerzen   15/16

Lebensmittel, eiweißreiche   9
Lebensmittel, pflanzliche   10
Lebensmittel, ungünstige   13
Lebensmittelqualität   11
Lightprodukte   11

Meerrettich   18
Milchprodukte   16
Mineralstoffe   10
Molkosan   17

Neutrale Gruppe   9, 12, 14, 15

Obstessig   18

Pfeffer   7, 16

Rhabarber   18

Sahnedickmilch   16/17
Saponine   17
Säure-Basen-Gleich-
 gewicht   8, 10
Säurebildner   10
Schwangerschaft   15
Stoffwechselerkrankung   10
Süßstoff   16

Tomaten, gekochte   17
Trennkost   8–11, 14
Trennungsplan   12/13
Trennungsprinzip   9

Übergewicht   8, 10
Übersäuerung   10

Verdauungsbeschwerden   8, 9
Verzehrsmengen   14, 15
Vollkornnudeln   13, 17/18
Vollwerternährung   11

Zeitabstände zwischen den
 Mahlzeiten   14

Im FALKEN Verlag sind zahlreiche Titel zum Thema „Trennkost" erschienen.
Bitte fragen Sie überall dort, wo es Bücher gibt.

Sie finden uns im Internet: **www.falken.de**

Dieses Buch wurde auf chlorfrei gebleichtem und säurefreiem Papier gedruckt.

Der Text dieses Buches entspricht den Regeln der neuen deutschen Rechtschreibung.

ISBN 3 8068 7537 5

© 2000 by FALKEN Verlag, 65527 Niedernhausen/Ts.

Umschlaggestaltung: Peter Udo Pinzer
Gestaltung: Horst Bachmann
Redaktion: Elly Lämmlen
Lektorat: Sabine Lemb
Herstellung: Ulrich Klein
Umschlagfotos: TLC Foto-Studio GmbH, Velen-Ramsdorf; kleines Foto: Dr. Gerhard Kebbel, Frankfurt
Rezeptfotos: TLC Foto-Studio GmbH, Velen-Ramsdorf
Weitere Fotos im Innenteil: S. 20 (kleines Foto): **Julian Mateo**, Denia/Alicante; **FALKEN Archiv**, Niedernhausen: S. 2 (TLC); S. 4 (U. Krapohl); S. 20/21 (U. Kopp); S. 1, 5 (2x), 8, 10, 11, 13 (A. Schliack)

Satz: FALKEN Verlag, Niedernhausen/Ts.
Druck: Appl, Wemding

817 2635 4453 6271